essentials

essentials liefern aktuelles Wissen in konzentrierter Form. Die Essenz dessen, worauf es als „State-of-the-Art" in der gegenwärtigen Fachdiskussion oder in der Praxis ankommt. *essentials* informieren schnell, unkompliziert und verständlich

- als Einführung in ein aktuelles Thema aus Ihrem Fachgebiet
- als Einstieg in ein für Sie noch unbekanntes Themenfeld
- als Einblick, um zum Thema mitreden zu können

Die Bücher in elektronischer und gedruckter Form bringen das Expertenwissen von Springer-Fachautoren kompakt zur Darstellung. Sie sind besonders für die Nutzung als eBook auf Tablet-PCs, eBook-Readern und Smartphones geeignet. *essentials:* Wissensbausteine aus den Wirtschafts-, Sozial- und Geisteswissenschaften, aus Technik und Naturwissenschaften sowie aus Medizin, Psychologie und Gesundheitsberufen. Von renommierten Autoren aller Springer-Verlagsmarken.

Weitere Bände in der Reihe http://www.springer.com/series/13088

Marco Furtner

Self-Leadership

Basics

Marco Furtner
Institut für Entrepreneurship
Universität Liechtenstein
Vaduz, Liechtenstein

ISSN 2197-6708   ISSN 2197-6716   (electronic)
essentials
ISBN 978-3-658-19140-5   ISBN 978-3-658-19141-2   (eBook)
DOI 10.1007/978-3-658-19141-2

Die Deutsche Nationalbibliothek verzeichnet diese Publikation in der Deutschen Nationalbibliografie; detaillierte bibliografische Daten sind im Internet über http://dnb.d-nb.de abrufbar.

Springer Gabler

Gedruckt auf säurefreiem und chlorfrei gebleichtem Papier

Springer Gabler ist Teil von Springer Nature
Die eingetragene Gesellschaft ist Springer Fachmedien Wiesbaden GmbH
Die Anschrift der Gesellschaft ist: Abraham-Lincoln-Str. 46, 65189 Wiesbaden, Germany

Was Sie in diesem *essential* finden können

- Eine grundlegende Einführung in Self-Leadership
- Ursprung und Kritik an der ursprünglichen Self-Leadership-Konzeption und eine fähigkeitsbezogene Weiterentwicklung von Self-Leadership
- Eine Beschreibung der drei zentralen Self-Leadership-Strategiedimensionen und weiterer fähigkeitsbezogener Substrategien
- Die Möglichkeit des Selbst-Assessments mittels eines neu entwickelten und validierten Self-Leadership-Fragebogens

Vorwort

Das vorliegende Buch stellt den ersten von zwei Teilen dar, welches vom Autor in der *essentials-Reihe* vom Springer Gabler Verlag erscheint. „Self-Leadership Basics" fokussiert sich auf die grundlegende Beschreibung und konzeptionelle Weiterentwicklung von Self-Leadership. Zudem wird ein neu entwickelter Self-Leadership-Fragebogen präsentiert, welcher zur Self-Leadership-Selbsteinschätzung verwendet werden kann. Die Weiterentwicklung von Self-Leadership legt einen Schwerpunkt auf das „Herzstück" von Self-Leadership, den natürlichen Belohnungsstrategien, welches einen positiven Einfluss auf die Königsklasse der menschlichen Motivation, die intrinsische Motivation, ausübt. Zudem werden soziale Self-Leadership-Strategien beschrieben, welche Self-Leadership mit Leadership in Verbindung bringen und den Leistungsvergleich mit anderen Personen berücksichtigen. Aufbauend auf „Self-Leadership Basics" folgt im zweiten Buch mit „Self-Leadership Praxis" ein anwendungsbezogener Zugang zu Self-Leadership. Self-Leadership ist eine Fähigkeit und Kompetenz, welche trainiert und entwickelt werden kann. Mittels Self-Leadership können Personen sowohl ihre persönliche Leistung steigern, ihre Ziele effektiver verwirklichen als auch im Führungs- und Teamkontext Spitzenleistungen erbringen.

Der Autor möchte sich herzlich beim Lektorat vom Springer Gabler Verlag, namens bei Frau Ulrike Lörcher und bei Frau Janna Franke für ihr Interesse an der Thematik und die ausgezeichnete Zusammenarbeit bedanken.

Innsbruck und Vaduz
im Sommer 2017

Marco Furtner

Inhaltsverzeichnis

Einleitung

1

Bei Self-Leadership handelt es sich um eine Erweiterung des Selbstmanagement-Ansatzes und beschreibt eine breite Palette von selbstbeeinflussenden Strategien. Nach dem Ökonomen Peter F. Drucker, einem Management-Pionier des 20. Jahrhunderts, stellen Selbstmanagement und Self-Leadership das Erfolgsgeheimnis von vielen historischen Größen dar (z. B. Mozart, Napoleon, Leonardo da Vinci). Für Manz und Sims (1991) stellt Self-Leadership sogar der Kern von jeglicher Form von Führung dar: Zunächst müssen sich Personen selbst effektiv beeinflussen, bevor sie andere Menschen wirksam führen können. Self-Leadership ist eine wichtige Basis für aktives und effektives Leadership (Furtner et al. 2013). Zudem kann es sowohl im beruflichen als auch privaten Kontext zu kreativen und innovativen Höchstleistungen führen. Self-Leadership nimmt demnach in allen Lebenssituationen, in welchen bestimmte Ziele verfolgt und Leistungen erbracht werden sollen, eine wichtige Schlüsselrolle ein.

Wie können sich Personen selbst effektiv beeinflussen? Im Kern geht es bei Self-Leadership darum, die eigenen Gedanken, Emotionen und das Verhalten zielorientiert zu beeinflussen und in eine positive Richtung zu lenken. Um sich selbst effektiv zu beeinflussen, benötigt es ein hohes Ausmaß an Selbstreflexion, kurzum die Fähigkeit zur achtsamen Selbstbeobachtung. Mittels Selbstbeobachtung gewinnen Menschen Macht, Wissen und Kontrolle über sich selbst. Sie lernen ihre Stärken und Schwächen kennen, setzen sich Ziele und können ihr Verhalten in eine gewünschte Richtung lenken. Selbstbeobachtung dient nicht nur zur Kontrolle der eigenen Gedanken, Emotionen und des eigenen Verhaltens, sondern ist ein wichtiges Feedback-Instrument. Nur mittels Selbstbeobachtung können wir uns unmittelbar selbst eine Rückmeldung geben. Wir lernen, uns selbst effektiv zu beeinflussen und unsere Gedanken, Emotionen und Verhaltensweisen in eine gewünschte Richtung zu lenken. Mittels Selbstbeobachtung können wir den Status quo (Istzustand) ermitteln und uns selbst Ziele setzen (Sollzustand).

© Springer Fachmedien Wiesbaden GmbH 2017
M. Furtner, *Self-Leadership,* essentials,
DOI 10.1007/978-3-658-19141-2_1

Bevor wir eine zielorientierte Handlung durchführen, benötigt es die entsprechende Vorbereitung. Die strategische Selbstzielsetzung dient dazu, sich selbst in einer spezifischen Situation Ziele zu setzen, welche erfolgreich umgesetzt werden können. Hat sich eine Person entschieden, ein bestimmtes Ziel in die Tat umzusetzen, dann beginnt die Phase der eigentlichen Handlung. Da alteingesessene (gewohnheitsmäßige) Gedankenmuster oft Widerstände gegenüber neuen Zielen, Gedanken und Verhaltensweisen aufweisen, ist es in der zielorientierten Handlungs- und Umsetzungsphase von entscheidender Bedeutung, die Selbstmotivation anzuregen und aufrecht zu erhalten. Dies kann einerseits mittels der Selbstverbalisierung und andererseits mit der Selbsterinnerung erfolgen. Gerade in jenen Handlungsmomenten, in welchen auf Basis alter gewohnheitsmäßiger Gedanken Selbstzweifel bezüglich der erfolgreichen Zielerreichung auftreten können, ist es entscheidend, die persönliche Motivation beizubehalten. Laute oder leise Selbstgespräche, welche in eine positive Richtung gelenkt werden können, führen zur Stabilisierung der Selbstmotivation. An diesem Punkt ist es entscheidend, dass sich Personen mittels zentraler Leit- und Kerngedanken positiv für die Zielerreichung motivieren. Hierzu ist eine intensive und bewusste Wiederholung vonnöten. Die Selbsterinnerung unterstützt diesen Prozess, indem sie eine Person immer wieder an ihr zentrales Ziel erinnert.

Die natürlichen Belohnungsstrategien stellen das motivationale Herzstück von Self-Leadership dar. Das zentrale Ziel aller selbstbeeinflussenden Strategien besteht darin, dass sich eine Person für ihre Ziele intrinsisch motivieren und idealerweise vollkommen in einer Tätigkeit aufgehen kann (=Flow). Kurzum bedeutet dies, dass das höchste Ziel der menschlichen Motivation darin liegt, ein innewohnendes *Interesse* für eine Tätigkeit zu entwickeln und *Spaß* und *Freude* während der Aufgabenbewältigung zu erleben. Hierzu benötigt es einen positiven Fokus auf die zu bewältigenden Aufgaben. Eine Person versteht es, intrinsisch motivierende Aspekte in ansonsten weniger erfreuliche Arbeitsaufgaben mit einzubauen und die mentale Vorstellungskraft positiv auf den persönlichen Erfolg auszurichten.

Obwohl sich Personen selbst Ziele setzen und sich selbst motivieren können, sind sie immer in einem sozialen Umfeld eingebettet. Die sozialen Self-Leadership-Strategien berücksichtigen diesen wichtigen Aspekt und insbesondere im gruppenorientierten Kontext kann eine Person sich selbst oder ihr Umfeld positiv beeinflussen. Die Gruppenoptimierung als erste soziale Self-Leadership-Strategie verknüpft Self-Leadership mit Shared Leadership (geteilte Führung) sowie Leadership und verfolgt das Ziel, die Leistung von den Gruppen- und Teammitgliedern zielorientiert zu beeinflussen und zu steigern. Die zweite soziale Self-Leadership-Strategie der Leistungsbezugnahme geht von dem Grundgedanken aus, dass Personen ihr aktuelles Leistungsniveau oft mit den Leistungen von anderen Personen vergleichen. Dadurch soll die eigene Leistung fortlaufend optimiert und verbessert werden.

Im vorliegenden Buch wird in Kap. 2 eine grundlegende Einführung zu Self-Leadership gegeben. In Kap. 3 werden mit den kognitionsbasierten Strategien, den natürlichen Belohnungsstrategien und den sozialen Self-Leadership-Strategien die drei zentralen Self-Leadership-Strategiedimensionen einschließlich der jeweiligen Substrategien beschrieben. Mit dem Ziel der Selbsteinschätzung wird in Kap. 4 ein neu entwickelter und fähigkeitsbezogener Self-Leadership-Fragebogen vorgestellt. Kap. 5 schließt mit einer kurzen Konklusion.

Self-Leadership 2

2.1 Einführung

Self-Leadership ist ein *zielorientierter* und *selbstbeeinflussender Prozess* zur Steigerung der persönlichen Effektivität und Leistung. Self-Leadership grenzt sich von Leadership in dem Sinne ab, dass es sich auf die Beeinflussung von inneren (gedanklichen) Prozessen einer Person fokussiert (Inner Leadership), während sich Leadership auf die äußere Beeinflussung von anderen Personen konzentriert. Self-Leadership kann demnach kurz und bündig als *effektive Selbstbeeinflussung* (Influencing Oneself; „Yes I can") und Leadership als *effektive Fremdbeeinflussung* (Influencing Others; „Yes we can") definiert werden. Self-Leadership stellt nicht nur ein wichtiges Element zur Steigerung der Selbstmotivation und Leistung einer Person dar, sondern es ist eine wichtige Basis für aktives und effektives Leadership (Furtner 2012, 2016; Furtner und Baldegger 2016). Empirische Studien an über 400 Führungskräften belegen, dass Self-Leadership mit besonders aktiven und effektiven Formen des Führungsverhaltens (transformationale und transaktionale Führung) in Verbindung steht (Furtner et al. 2013). Insbesondere das Herzstück von Self-Leadership – die natürlichen Belohnungsstrategien – nimmt im Leadership-Kontext eine Schlüsselrolle ein. Die natürlichen Belohnungsstrategien können die intrinsische Motivation einer Führungskraft steigern. Intrinsisch motivierte Führungskräfte haben Spaß und Freude an ihren Führungsaufgaben, sind entspannter und nehmen sich selbst als kompetent und autonom wahr (Deci und Ryan 1987; Shamir et al. 1993). Intrinsisch motivierte Führungskräfte mit hohen Self-Leadership-Fähigkeiten vermitteln Zuversicht und positive Emotionen. Dadurch werden sie von ihren Geführten als aktive und effektive (charismatische) Führungskräfte wahrgenommen (Furtner 2016). Eine Vielzahl von empirischen

© Springer Fachmedien Wiesbaden GmbH 2017
M. Furtner, *Self-Leadership,* essentials,
DOI 10.1007/978-3-658-19141-2_2

Studien des Autors belegt die positiven Beziehungen von Self-Leadership zur Persönlichkeit, zu relevanten motivationalen Konzepten und zu Leadership:

- Self-Leadership ist ein *einzigartiger Ansatz* und grenzt sich genügend von verwandten motivationalen Konzepten ab (Furtner et al. 2015)
- Self-Leadership steht mit einer *aktiven und dynamischen Persönlichkeit* (extravertiert, offen für neue Erfahrungen) in Verbindung (Furtner und Rauthmann 2010)
- Personen mit hohen Self-Leadership-Fähigkeiten werden von ihrem Umfeld als aktiv und dynamisch wahrgenommen (Furtner und Rauthmann 2013)
- Self-Leadership steht in positiver Beziehung zur *Selbstwirksamkeit* (Glaube an die eigenen Fähigkeiten) und zur *Selbstregulation* (Furtner et al. 2015). Der selbstregulatorische Prozess wird sowohl durch die Selbstzielsetzung als auch Selbstbeobachtung angeregt (Bandura 1986; Carver und Scheier 1998)
- Self-Leadership steht mit der *Leistungsmotivation* in Verbindung (Furtner und Rauthmann 2011)
- Self-Leadership steht in positiver Beziehung zur *Achtsamkeit* (Mindfulness). Demnach sind sich Personen mit hohen Self-Leadership-Fähigkeiten sowohl ihrer selbst als auch ihrer Umwelt sehr bewusst (Furtner et al. in Druck)
- Self-Leadership zeigt positive Zusammenhänge zur *sozio-emotionalen Intelligenz* (Furtner und Hiller 2013; Furtner et al. 2010). Im Führungs- und Teamkontext kann sich eine Person selbst und andere Menschen mittels positiver Emotionen effektiv beeinflussen
- Self-Leadership zeigt positive Beziehungen zum *Narzissmus* (Furtner et al. 2011), welcher wiederum mit dem Charisma in Verbindung steht (Furtner 2017c)
- Self-Leadership zeigt positive Zusammenhänge zu aktivem und effektivem (transformationale und transaktionale Führung) und negative zu inaktivem und ineffektivem Führungsverhalten (passiv-vermeidende Führung; Furtner et al. 2013)
- Führungskräfte mit hohen Self-Leadership-Fähigkeiten werden von ihren Geführten als aktiv und effektiv (charismatisch) wahrgenommen (Furtner et al. 2013)

Weshalb werden Führungskräfte mit hohen Self-Leadership-Fähigkeiten als charismatisch wahrgenommen? Für die charismatische Wirkung auf andere Personen sind besonders die natürlichen Belohnungsstrategien von Self-Leadership verantwortlich. Die natürlichen Belohnungsstrategien nehmen positiven Einfluss auf die intrinsische Motivation der Führungskraft, welche eine hohe Kompetenz und Zuversicht ausstrahlt und Spaß und Freude an ihren Führungsaufgaben entwickelt. Die Führungskraft ist aktiv, dynamisch und vermittelt positive Emotionen, wobei die Geführten ihrer Führungskraft positive Führungseigenschaften (z. B. aktiv, charismatisch und offen) zuschreiben. In einem ersten Schritt entfacht die Führungskraft in sich selbst eine Art „inneres Feuer" (z. B. Spaß und Freude am Beeinflussungsprozess), welches sich dann rasch auf das Umfeld (z. B. Geführte, Kunden) ausbreitet und emotional ansteckend wirkt (Furtner 2016).

Effektives Leadership zeigt positive Beziehungen zum aktiven und handlungsorientierten Aspekt der Selbstregulation (Locomotion; Furtner und Sachse 2017). Locomotion steht wiederum mit einem höheren Aktivierungs- und Aktivitätsgrad in Verbindung („Just doing it"). Bass (1985) sowie Bass und Avolio (1995) haben in ihrem Full Range Leadership-Modell bereits relativ früh erkannt, dass der Aktivitätsgrad einer Führungskraft eine wichtige Rolle im Führungsprozess einnimmt. Das allgemeine Aktivierungsniveau (Arousal[1]) einer charismatischen Führungskraft kann emotional ansteckend sein und sich positiv auf das Arousal der Geführten auswirken. Der Aktivierungsgrad einer Führungskraft alleine ist jedoch noch nicht ausreichend, um die Geführten in eine positive Richtung zu beeinflussen. Charismatische Führungskräfte verstehen es, ihre hohe Aktivierung mit positiven Emotionen (z. B. Spaß und Freude) zu kombinieren und diese auf die Geführten zu übertragen. Die Geführten verfügen dadurch über ein höheres allgemeines Aktivierungsniveau und positivere Emotionen (Erez et al. 2008). Dies wiederum beeinflusst das Verhalten der Geführten. Die emotionalen Ausdrücke der Führungskraft können auf zwei Arten das Verhalten der Geführten beeinflussen (Van Kleef 2009; Van Kleef et al. 2009):

1. Die emotionalen Ausdrücke der Führungskraft vermitteln Informationen über die Situation *(situations- und aufgabenbezogene emotionale Beeinflussung)*
2. Die emotionalen Ausdrücke der Führungskraft beeinflussen direkt die Emotionen der Geführten und erhöhen zugleich die positive Anziehungskraft der Geführten zu ihrer Führungskraft *(personenbezogene emotionale Beeinflussung)*

---

[1]Arousal repräsentiert das allgemeine Aktivierungsniveau eines Organismus (Grad der Wachheit, Aktivierung und Aufmerksamkeit). Die Kombination aus einer erhöhten motivationalen Aktivierung (Arousal) und (positiven oder negativen) Emotionen bewirkt, dass Führungskräfte ihre Geführten emotional anstecken können. Das heißt, die Geführten übernehmen die Emotionen und das damit verbundene Arousal von ihrer Führungskraft (Erez et al. 2008; Van Kleef 2009).

Charismatische Führungskräfte nutzen die situative Komponente (z. B. eine aktuelle Krisen- oder Veränderungssituation) und versuchen die Emotionen der Geführten in eine positive Richtung zu lenken. Dieser Prozess wird von einer aktiven und effektiven Führungskraft begleitet, welche wiederum die Motivation der Geführten positiv beeinflusst. Die natürlichen Belohnungsstrategien nehmen positiven Einfluss auf die intrinsische Motivation der Führungskraft, welche positive Auswirkungen auf die Geführten zeigt. Furtner und Sachse (2017) konnten belegen, dass besonders der handlungsorientierte Aspekt der menschlichen Selbstregulation (Locomotion) in positiver Beziehung zur charismatischen und transformationalen Führung steht. Der aktive und dynamische Aspekt von Self-Leadership ist jedoch nicht nur für Führungskräfte relevant, sondern generell für alle Personen, welche sowohl in beruflicher als auch privater Hinsicht ihre persönliche Effektivität und Leistung steigern wollen.

Natürliche Belohnungsstrategien

Beispiel 1: Natürliche Belohnungsstrategien zur Steigerung der intrinsischen Motivation

Sabine arbeitet in der Küche einer großen Fast-Food-Kette. Nach einer anfänglichen Begeisterung fokussiert sie sich zunehmend auf die negativen Aspekte ihrer Arbeit (z. B. schlechte Bezahlung, Schichtdienst). Mittels eines Self-Leadership-Trainings kann sie versuchen, sich wiederum neu für ihre Tätigkeit zu motivieren. In einem ersten Schritt versucht sie, ihre Gedanken auf die positiven Aspekte ihrer Arbeitstätigkeit auszurichten (z. B. zufriedene und glückliche Kunden). In einem zweiten Schritt baut sie intrinsisch belohnende Aspekte in ihre Arbeitstätigkeit mit ein. Beispielsweise denkt sie während ihrer Arbeit an schöne und persönlich motivierende Aspekte (z. B. Lieblingsbeschäftigung in der Freizeit). In einem dritten Schritt nutzt sie die mentale Vorstellungskraft und zeichnet ein positives Bild von sich selbst und der Zukunft. Dies kann auf den aktuellen Arbeitgeber bezogen sein (z. B. Aufstieg zur Restaurantleiterin) oder auf einen möglichen Berufswechsel.

Beispiel 2: Natürliche Belohnungsstrategien zur Steigerung des Charismas bei Führungskräften

Michael ist Forschungs- und Entwicklungsleiter eines mittelständischen Unternehmens. In seinem Führungsalltag bemerkt er, dass er mit seinem kontrollierenden Führungsstil an Grenzen stößt. Für Michael ist die Führungsposition zwar mit einigen Annehmlichkeiten verbunden (z. B. höherer Status, mehr Gehalt), aber auch mit viel Verantwortung. Seine Führungsrolle sieht er als notwendige Pflicht. Mittels eines individuellen Self-Leadership-Coaching lernt Michael, wie er seine Gedanken positiv auf die Führungsaufgabe ausrichten kann. Er versucht seine Einstellung zu verändern und fokussiert sich auf die positiven Aspekte von Führung. Zudem baut er intrinsisch belohnende Aspekte in die Führungsaufgabe mit ein (z. B. Entspannungsübungen in der Arbeitspause). Er nutzt seine mentale Vorstellungskraft, um seine Führungsmotivation zu steigern. Michael lernt, wie er in sich selbst positive Emotionen (z. B. Spaß und Freude) erzeugen kann. Dadurch kann er glaubwürdig Visionen vermitteln, welche seine Mitarbeiter inspirieren und motivieren. Michaels neue Begeisterung und positive Energie überträgt sich auf seine Mitarbeiter.

2.2 Ursprung, Kritik und Weiterentwicklung

Self-Leadership entstammt aus dem Selbstmanagement-Ansatz (Manz und Sims 1980), welcher sich wiederum auf die klinische Selbstkontrolltheorie bezieht (z. B. Cautela 1969). Erstmals größere Aufmerksamkeit erhielt Self-Leadership durch die Pionierarbeit von Charles C. Manz (1986). Als zentrale konzeptionelle Basis für die Beschreibung von Self-Leadership diente für Manz die sozial-kognitive Lerntheorie von Bandura (1986). Bislang wurden in der Literatur drei zentrale Self-Leadership-Strategiedimensionen beschrieben (Furtner 2012; Manz 1986; Neck und Houghton 2006):

1. *Verhaltensfokussierte Strategien* (Selbstzielsetzung, Selbstbeobachtung, Selbstbelohnung, Selbstbestrafung, Selbsterinnerung)
2. *Natürliche Belohnungsstrategien*
3. *Konstruktive Gedankenmusterstrategien* (Erfolgreiche Leistungen imaginieren, Selbstgespräch, Überzeugungen und Sichtweisen bewerten)

Obwohl Self-Leadership sowohl in der wissenschaftlichen Forschung (Furtner et al. 2013; Neck und Houghton 2006), bei Praktikern (z. B. Dee Hock, VISA-Gründer) als auch in den Medien (Blanchard 2017) auf hohes Interesse stößt, war es in den letzten 30 Jahren einigen Kritikpunkten ausgesetzt:

1. Self-Leadership würde sich nur unklar von verwandten motivationalen Konzepten (z. B. Selbstregulation, Leistungsmotivation) abgrenzen (Guzzo 1998)
2. Bei Self-Leadership könne es sich möglicherweise um eine stabile Persönlichkeitsdimension handeln, welche nicht trainiert und entwickelt werden kann (Markham und Markham 1995)
3. Self-Leadership könne sich nicht als eigenständiges Konzept positionieren (Neck und Houghton 2006)

4. Self-Leadership sei nur wenig empirisch erforscht (Neck und Houghton 2006)
5. Die Messung von Self-Leadership zeige noch einige Schwächen auf (Furtner und Rauthmann 2010, 2011; Furtner et al. 2010, 2011, 2013, 2015; Konradt et al. 2009)

Weiterentwicklung von Self-Leadership: Obwohl wissenschaftliche Studien der vergangenen Jahre belegen, dass es sich bei Self-Leadership um ein einzigartiges Konzept handelt (z. B. Furtner et al. 2015; Neck et al. 2017), kann die Weiterentwicklung der Self-Leadership-Konzeption möglichen Kritikpunkten entgegenwirken und sowohl die Erforschung als auch die praktische Anwendung fördern. Demnach werden im vorliegenden Buch primär zwei Ziele verfolgt:

1. Weiterentwicklung von Self-Leadership als *fähigkeitsbasiertes* Konzept, welches trainiert und entwickelt werden kann
2. Entwicklung eines validen und reliablen Self-Leadership-Fragebogens mit einer hohen Messqualität

Bezogen auf die oben genannten Ziele wurden auf Basis einer umfangreichen Analyse der Self-Leadership-Literatur kognitive, motivationale, emotionale, verhaltensorientierte und soziale Aspekte von Self-Leadership berücksichtigt. Hieraus konnten die nachfolgenden neun Self-Leadership-Fähigkeiten extrahiert und drei zentralen Strategiedimensionen zugeordnet werden:

1. *Kognitionsbasierte Strategien* (Selbstbeobachtung, strategische Selbstzielsetzung, Selbstverbalisierung, Selbsterinnerung)
2. *Natürliche Belohnungsstrategien* (Positiver Fokus, Intrinsifizierung, Erfolgsvisualisierung)
3. *Soziale Self-Leadership-Strategien* (Gruppenoptimierung, Leistungsbezugnahme)

Im Vergleich zur ursprünglichen Konzeption von Self-Leadership (Houghton und Neck 2002; Manz 1986; Neck und Houghton 2006) zeigt sich, dass die weiterentwickelten kognitionsbasierten Strategien eine Kombination aus den ursprünglichen verhaltensfokussierten Strategien und den konstruktiven Gedankenmusterstrategien darstellen. Die kognitionsbasierten Strategien enthalten die Selbstbeobachtung, die strategische Selbstzielsetzung, die Selbstverbalisierung und die Selbsterinnerung. Die natürlichen Belohnungsstrategien, welche das Kernelement von Self-Leadership darstellen (Furtner et al. 2013; Manz 1986), wurden bislang relativ unklar beschrieben (Andreßen und Konradt 2007; Houghton und Neck 2002). Deshalb wurde bei der Weiterentwicklung von Self-Leadership ein besonderer Schwerpunkt auf die natürlichen Belohnungsstrategien (positiver Fokus, Intrinsifizierung) gelegt, welche die intrinsische Motivation positiv beeinflussen. Zudem wurde mit der Erfolgsvisualisierung eine weitere Dimension integriert, welche ursprünglich bei den konstruktiven Gedankenmusterstrategien (Erfolgreiche Leistungen imaginieren) enthalten war.

Der leistungsbezogene soziale Einfluss von Self-Leadership wurde bislang vernachlässigt, obwohl er im interkulturellen Kontext (Ho und Nesbit 2009; Neubert und Wu 2006), im Gruppen- und Teamkontext (z. B. Furtner und Baldegger 2016) und im Führungskontext (Furtner et al. 2013) eine wichtige Rolle einnimmt. Die sozialen Self-Leadership-Strategien beinhalten mit der Gruppenoptimierung eine Leadership-Komponente von Self-Leadership. Hierbei versuchen Personen mit hohen Self-Leadership-Fähigkeiten das Leistungsverhalten ihrer Gruppenmitglieder positiv zu beeinflussen. Sie wirken als positives Rollenmodell auf ihr Umfeld ein. Die zweite soziale Self-Leadership-Strategie beinhaltet die Leistungsbezugnahme: Leistungsmotivierte Personen vergleichen ihr aktuelles Leistungsniveau mit den Leistungen von anderen Personen. Dadurch können sie ihre persönliche Leistung fortlaufend verbessern. Person und Umwelt beeinflussen sich gegenseitig (Bandura 1986). Die Leistungsbezugnahme dient als persönliches Feedback-System zur fortlaufenden Leistungsoptimierung.

Zusammengefasst zeigt die Weiterentwicklung von Self-Leadership folgende Vorzüge:

- Klares Verständnis von Self-Leadership und deutliche Abgrenzung von verwandten Konzepten der Motivation und Selbstregulation
- Entwicklung eines eindeutig fähigkeitsbasierten Self-Leadership-Ansatzes, welcher trainiert und entwickelt werden kann
- Entwicklung eines neuen Self-Leadership-Fragebogens zur zuverlässigen und gültigen Messung von Self-Leadership
- Exaktere Beschreibung des wichtigsten Kernmerkmals von Self-Leadership, den natürlichen Belohnungsstrategien zur Steigerung der intrinsischen Motivation und Leistung
- Berücksichtigung von leistungsbezogenen sozialen Self-Leadership-Strategien

Self-Leadership-Strategien und Fähigkeiten

3

Der fähigkeitsbezogene Self-Leadership-Ansatz besteht aus einer globalen Dimension Self-Leadership, welcher sich wiederum in drei zentrale Strategiedimensionen unterteilt:

1. Kognitionsbasierte Strategien
2. Natürliche Belohnungsstrategien
3. Soziale Self-Leadership-Strategien

3.1 Kognitionsbasierte Strategien

Jede Handlung und Verhaltensänderung hat ihren Ursprung in den Gedanken. Das Denken beeinflusst die Emotionen und diese wiederum das Verhalten. Es ist demnach naheliegend, in einem ersten Schritt die Gedanken (Kognitionen) in eine gewünschte Richtung zu lenken, um einen effektiven selbstbeeinflussenden Prozess starten zu können. In der ursprünglichen Self-Leadership-Konzeption wurden die beiden Begriffe „verhaltensfokussierte Strategien" und „konstruktive Gedankenmusterstrategien" etwas irreführend verwendet (Manz 1986; Neck und Houghton 2006). Die verhaltensfokussierten Strategien beinhalten die Selbstzielsetzung sowie die Selbstbeobachtung und die konstruktiven Gedankenmusterstrategien das Selbstgespräch, welche eindeutig den kognitionsbasierten Strategien zugeordnet werden können, da sie direkten Einfluss auf die Gedanken (Kognitionen) nehmen. Selbstzielsetzung, Selbstbeobachtung und Selbstgespräch fokussieren sich demnach nur indirekt auf das Verhalten, welches sie positiv beeinflussen.

© Springer Fachmedien Wiesbaden GmbH 2017
M. Furtner, *Self-Leadership*, essentials,
DOI 10.1007/978-3-658-19141-2_3

Die kognitionsbasierten Strategien beinhalten vier Self-Leadership-Strategien:

- Selbstbeobachtung
- Strategische Selbstzielsetzung
- Selbstverbalisierung
- Selbsterinnerung

1. Selbstbeobachtung

Die Selbstbeobachtung ist eine der wichtigsten Self-Leadership-Strategien. Die einflussreichsten Ansätze der vergangenen Jahrzehnte zur Beschreibung der menschlichen Motivation und Selbstregulation betonen die besondere Bedeutung der Selbstbeobachtung. In der Selbstregulations- und Kontrolltheorie nimmt die Selbstbeobachtung eine zentrale Schlüsselrolle ein. Menschen kontrollieren ihr Verhalten dadurch, dass sie einen fortlaufenden Vergleich zwischen einem aktuellen Zustand und dem gewünschten zukünftigen (Ziel-)Zustand durchführen. Die Selbstbeobachtung fokussiert sich auf den Leistungsprozess und dient als natürliches Kontroll- und Feedbacksystem (Carver und Scheier 1998). Nach der sozial-kognitiven Theorie ist die Selbstbeobachtung eine zentrale Basis dafür, dass sich Menschen selbst motivieren und beeinflussen können. Die Selbstbeobachtung muss exakt, fortlaufend und zeitlich präzise sein (Bandura 1991). Sie erfüllt zwei wichtige Funktionen:

1. *Selbstdiagnose:* Innere (z. B. Gedankenmuster, Emotionen) und äußere Prozesse (z. B. Ereignisse der sozialen Umwelt) können bewusst wahrgenommen und das persönliche Verhalten besser angepasst werden. Selbstbeobachtung fördert die Selbstkontrolle und Selbsterkenntnis.
2. *Selbstmotivation:* Selbstbeobachtung regt die Motivation an. Während des Zielerreichungsprozesses liefert die Selbstbeobachtung fortlaufend Rückmeldungen über das momentane Verhalten. Zudem aktiviert sie selbstreaktive Einflüsse. Das heißt, eine Person, welche beispielsweise mit ihrem aktuellen (Leistungs-) Verhalten zufrieden ist, nimmt positive Emotionen (Freude) wahr, welche sich wiederum vorteilhaft auf das zukünftige Verhalten auswirken (Bandura 2001).

Ohne Selbstbeobachtung könnte kein selbstbeeinflussender Prozess stattfinden und es demnach kein Self-Leadership geben. Das heißt, Personen könnten ihre persönliche Effektivität nicht steigern, da sie sich selbst keine Rückmeldung zu ihrem Leistungsverhalten geben können. Sie könnten sich weder selbst positiv beeinflussen noch entwickeln. Ohne Selbstbeobachtung wäre ein Mensch vollkommen von seiner Umwelt abhängig. Hätten andere Personen ebenfalls keine Fähigkeiten zur Selbstbeobachtung und -reflexion, dann könnten sich soziale

Gruppen oder ganze Gesellschaften nicht weiterentwickeln und es demnach keinen Fortschritt geben. Beobachten bedeutet, Wissen, Macht und Kontrolle über die Dinge zu haben und diese bewusst wahrzunehmen und zu reflektieren. Beobachtung kann sich sowohl auf innere als auch auf äußere Prozesse beziehen. Menschen sind es von Kind an gewohnt, ihre äußere Umwelt zu beobachten (z. B. Verhaltensweisen von anderen Menschen). Unser Sinnessystem (z. B. Sehen, Hören) liefert uns hierfür die geeigneten Instrumente. Die Beobachtung der inneren Welt (die eigenen Gedanken, Emotionen und Verhaltensweisen) ist schwieriger zu erlernen, da diese – obwohl sie uns sehr nahe steht – für manche eine vollkommene „Blackbox" darstellt. Selbstbeobachtung bedeutet, sich seiner Selbst (Gedanken, Emotionen, Verhaltensweisen) bewusst zu sein und darüber zu reflektieren. Mittels Selbstbeobachtung können wir Kontrolle über unsere Gedanken, Emotionen und Verhaltensweisen gewinnen und uns selbst in eine positive Richtung lenken. Dadurch erlangen wir Macht, Wissen und Kontrolle über unsere eigenen Gedanken und schließlich über uns selbst.

Selbstbeobachtung steht in enger Beziehung zur Achtsamkeit (Mindfulness), welche in jüngerer Zeit sehr viel Aufmerksamkeit erfährt. Achtsamkeit ist die absichtliche und nicht-bewertende Beobachtung aller (inneren und äußeren) Erfahrungen im gegenwärtigen Moment (Furtner 2017b). Kurzum, achtsame Personen führen eine fortlaufende Selbstbeobachtung (ihrer eigenen Gedanken, Emotionen und Verhaltensweisen) durch (Furtner et al. in Druck). Sie versuchen sich stets bewusst zu bleiben und alles wahrzunehmen, was im jeweils gegenwärtigen Moment geschieht. Das mittel- bis langfristige Ziel besteht darin, eine Art kontinuierliches „Zeugenbewusstsein" zu entwickeln. Insbesondere für Menschen, welche sich noch nie bewusst mit Selbstbeobachtung beschäftigt haben oder nicht wissen, wie sie sich bewusst selbst beobachten können, ist es am Anfang sehr schwierig, sich nur für wenige Sekunden selbst zu beobachten. Selbstbeobachtung und Achtsamkeit zeigen starke Beziehungen zur Persönlichkeitsdimension Offenheit für neue Erfahrungen. Sowohl die Extraversion als auch die Offenheit für neue Erfahrungen repräsentieren eine aktive und dynamische Persönlichkeit (Furtner et al. in Druck). Personen mit einer hohen Offenheit sind originell, intelligent, kreativ sowie neugierig und versuchen ihre Handlungen zu optimieren. Die bewusste Wahrnehmung von inneren (z. B. Gedanken, Emotionen) und äußeren Reizen (z. B. soziale Interaktionen) führt demnach nicht nur zu einer höheren Selbstkontrolle, sondern übt auch einen positiven Einfluss auf die Intelligenz, das Gedächtnis, die Lernfähigkeit und die Gesundheit aus (Furtner 2017b). Die Übung der Selbstbeobachtung ist nicht nur im Rahmen von Self-Leadership wichtig, sondern eine Person kann dadurch auch widerstands- und leistungsfähiger bezüglich der Herausforderungen des Alltags werden (Lucke und Furtner 2015; Sampl et al. 2017).

Zu Beginn kann die Übung der Selbstbeobachtung sehr kraftraubend sein. Mit fortlaufender Übung verringert sich jedoch die Anstrengung. Die Selbstbeobachtung wird zunehmend zur Gewohnheit. Selbstbeobachtung ist eine natürliche Fähigkeit, welche in Menschen vorhanden ist. Nachfolgend werden zwei Alltagsbeispiele beschrieben, wie sich Menschen in bestimmten Situationen auf Basis eines erhöhten allgemeinen Aktivierungsniveaus (Arousal) sehr intensiv selbst beobachten können.

Selbstbeobachtung im Alltag

Beispiel 1: Nach seinem akademischen Abschluss als Mechatroniker hat sich Jürgen auf mehrere Stellen in international tätigen Unternehmen beworben. Nun steht sein erstes Bewerbungsgespräch an und kurz vor dem Termin steigert sich seine Nervosität, welche mit einer erhöhten Aktivierung (Arousal) einhergeht. Während des Gesprächs versucht Jürgen seine Aufregung so gut wie möglich unbemerkbar zu lassen und sich von seiner besten Seite zu zeigen. Mit der erhöhten Aktivierung steigert sich seine Fähigkeit zur Selbstbeobachtung. Während des Gesprächs steht Jürgen wie als zweite Person neben sich und versucht, seine eigenen Gedanken, seine Gefühle und sein Verhalten zu beobachten, zu kontrollieren und in eine gewünschte Richtung zu lenken.

Beispiel 2: Michaela hat eine Präsentation vorbereitet, welche sie bei einem wichtigen Geschäftsmeeting vorstellen muss. Kurz vor der Präsentation steigert sich ihre innere Anspannung, welche mit einem erhöhten Aktivierungsniveau einhergeht. Kurz vor und während ihrer Präsentation wechselt sie in den „Beobachtermodus". Sie nimmt alle inneren (z. B. eigenen Gedanken und Gefühle) und äußeren Eindrücke (z. B. Gesichtsausdrücke und Emotionen der Geschäftspartner) sehr bewusst wahr und versucht, ihre Gedanken, ihre Gefühle und ihr Verhalten in eine gewünschte Richtung zu lenken.

2. Strategische Selbstzielsetzung

Auf Basis der Selbstbeobachtung und intensiver Reflexionsprozesse können sich Menschen selbst Ziele setzen. Wie die Selbstbeobachtung zählt die Selbstzielsetzung zu den grundlegendsten Self-Leadership-Fähigkeiten. Ohne Ziele würde es keine „Bewegung", keine Handlung und demnach auch keine Veränderung geben. Setzen sich Menschen keine Ziele, dann bedeutet dies Stillstand. Ziele und die Selbstbeobachtung aktivieren den selbstregulatorischen Prozess: Menschen können sich proaktiv Ziele setzen, welche zugleich eine Verhaltensaktivierung auslösen. Während des Zielerreichungsprozesses beobachtet eine Person ihren Leistungsfortschritt und passt ihr Verhalten entsprechend an, bis sie ihr Ziel schließlich erreicht. Mit der (erfolgreichen) Zielerreichung reduziert sich kurzfristig die menschliche

Motivation, bis ein neues Ziel gesetzt wird. Ziele, welche auf bewussten oder unbewussten Wünschen und Bedürfnissen basieren, sind demnach der grundlegende Motivator für jede menschliche Handlung. Die Selbstbeobachtung von aktuellen Zuständen ist ein zentrales Mittel zur Selbstzielsetzung. Besitzen Menschen eine exakte und präzise Selbstbeobachtung, dann können Ziele strategisch klug geplant und umgesetzt werden (Locke und Latham 1990).

Self-Leadership zeigt positive Beziehungen zur Leistungsmotivation. Leistungsmotivierte Personen setzen sich ständig neue und herausfordernde Ziele. Bezogen auf ihre persönliche Leistung versuchen sie sich fortlaufend zu verbessern und sich selbst zu übertreffen. Leistungsmotiviertes Handeln zeigt sich bereits in der frühen Kindheit. Das „Selbermachen wollen" hat für Kinder besonders dann einen Reiz, wenn Aktivitäten fast, jedoch noch nicht ganz gelingen. Gelingt die Aktivität schließlich, dann erfährt das Kind ein Erfolgserlebnis. Nach der einflussreichsten Theorie zur Leistungsmotivation – dem Risikowahlmodell von Atkinson (1957) – orientieren sich leistungsmotivierte Personen an herausfordernden Aufgaben, welche einen hohen Anreiz für sie haben. Dennoch dürfen die Ziele nicht zu hoch angesetzt werden. Für leistungsmotivierte Personen haben sowohl zu schwierige als auch zu leichte Ziele keinen Anreiz. Sie bevorzugen mittelschwere Ziele, welche sie – unter höchster Anstrengung – möglicherweise gerade noch erreichen können. Zusammengefasst streben leistungsmotivierte Personen fortlaufend danach, ihren persönlichen Erfolg zu optimieren und wählen hierfür herausfordernde Ziele und Aufgaben. Für sie ist es wichtig, dass sie stolz auf ihre eigene Tüchtigkeit sein können (Beckman und Heckhausen 2010).

Wie sollten Ziele formuliert werden? Eine einfache Unterstützungshilfe für Zielsetzungen liefert die SMART-Formel: Ziele sollten *spezifisch, messbar, anspruchsvoll, realistisch* und *terminiert* sein. Eine Person setzt sich einfache, klare und herausfordernde Ziele, welche innerhalb eines bestimmten Zeitraums erreicht werden sollen. Idealerweise sollten die Ziele quantifiziert (in Zahlen abgebildet) werden.

Parallel zur Selbstzielsetzung darf der strategische Aspekt der Handlungsplanung nicht vernachlässigt werden. Der menschliche Zielsetzungsprozess wird von einer Vielzahl von kognitiven Prozessen begleitet:

- Analyse der eigenen *Ressourcen* (personale, fachliche, methodische und soziale Kompetenzen)
- Berücksichtigung *situativer Umstände* (z. B. Anerkennung oder Beförderung bei Zielerreichung)
- Auseinandersetzung mit den *Aufgaben* und *Zielen* (herausfordernd und erreichbar)

Die strategische Selbstzielsetzung berücksichtigt nicht ausschließlich die aufgabenbezogene Zielsetzung: In der Planungsphase geht eine Person in Gedanken durch, wie sie anstehende Aufgaben auf optimalem Wege bewältigen wird. Bevor eine Person mit einer Aufgabe beginnt, plant sie die einzelnen Schritte durch, wie sie eine Aufgabe erfolgreich bewältigen kann und schließlich ihre Ziele erreicht.

3. Selbstverbalisierung

Selbstgespräche dienen primär zur Selbstmotivation. Treten während des Zielerreichungsprozesses Selbstzweifel oder unmotivierte Phasen auf, dann können positive Selbstgespräche („Ich kann es"; „Ich schaffe es") die Selbstwirksamkeit (den Glauben an die eigenen Fähigkeiten) und die Selbstmotivation steigern. Eine achtsame Selbstbeobachtung nimmt auch bei der Selbstverbalisierung einen wichtigen Stellenwert ein. Eine Person sollte fortlaufend darauf achten, dass sie nicht von destruktiven (negativen) Gedanken aus den tiefsten Ebenen des Unterbewusstseins überwältigt wird. Durch die bewusste Wahrnehmung kann sich die Person sogleich mit einem „heilenden" Gegenmittel schützen: Sie kann sich positive Gedanken „einimpfen". Nach dem Prinzip der kognitiven Umstrukturierung werden negative durch positive Gedanken und Selbstgespräche ersetzt. Eine achtsame Selbstbeobachtung ist nützlich, um negative Selbstgespräche zu erkennen und in eine gewünschte (positive) Richtung zu lenken.

Selbstgespräche können leise (z. B. in der Öffentlichkeit) oder laut (z. B. alleine im Auto oder im Badezimmer) erfolgen. Mittels Selbstgesprächen können sich Menschen belohnen und positiv verstärken. Erlebt eine Person während des Zielerreichungsprozesses ein Erfolgserlebnis oder hat sie in einem bestimmten Moment ihr selbst gesetztes Ziel erreicht, dann sollte sie sich mittels Selbstgesprächen positiv zureden und für zukünftige Vorhaben motivieren. Wichtig ist, dass die Selbstbelohnung in Form eines positiven Selbstgesprächs zeitnah und kontingent (an das Ereignis geknüpft) erfolgt. Beispielsweise klopft sich eine Person nach einem erfolgreichen Geschäftsabschluss selbst auf die Schulter und bekräftigt sich darin, dass sie eben sehr gut in dem ist, was sie tut („Ja … Ich kann es einfach … Ich bin die/der Beste"). Durch die Anwendung positiver Selbstgespräche kann eine Person die Macht der Worte für sich nutzbar machen. Richtig gelenkt, können positive Gedanken den Selbstwert und die Selbstmotivation steigern.

4. Selbsterinnerung

Nicht nur die selbst gesetzten Ziele, sondern auch Selbstgespräche benötigen die entsprechende Wiederholung, damit wir uns selbst effektiv beeinflussen können. Auch wenn bereits ein Ziel gesetzt ist und eine hohe anfängliche Motivation zur

Zielerreichung besteht, können alte gewohnheitsmäßige Einstellungen, Überzeugungen und Gedanken plötzlich und scheinbar ohne Kontrolle aus dem „Nichts" auftauchen und unsere Motivation zur Zielerreichung drastisch reduzieren. Mittels Selbsterinnerung sollen die zielrelevanten Gedanken wieder bewusst gemacht werden. Die persönlichen Ziel-, Leit- und Kerngedanken sollen häufig (z. B. mittels Selbstgesprächen) wiederholt und erinnert werden. Neben der (inneren) gedanklichen Wiederholung können auch äußere Erinnerungshilfen verwendet werden. Dies können sowohl Notizen, Post-Its, elektronische Unterstützungshilfen (z. B. Smartphone, Computer) oder kreative Motivationsposter sein, welche an einer prominenten Stelle platziert werden. Beispielsweise kann eine Person ihre Erinnerungshilfen im Büro oder zu Hause (z. B. Küche, Bade- oder Schlafzimmer) anbringen oder eine Kreidetafel hierfür verwenden. Je kreativer die Erinnerungshilfen sind, desto stärker erinnern wir uns an das eigentliche Ziel. Dies regt im hohen Maße die Selbstmotivation an. Auch das direkte Umfeld (z. B. Arbeitskollegen, Freunde, Verwandte, Bekannte) kann als Erinnerungshilfe eingesetzt werden. Die Selbsterinnerung ist ein geeignetes Mittel zur konsequenten Zielverfolgung. Sie soll verhindern, dass sich hinderliche (gewohnheitsmäßige) Gedanken „durchsetzen" und schließlich zu einem Abbruch der Zielverfolgung führen.

3.2 Natürliche Belohnungsstrategien

Die natürlichen Belohnungsstrategien stellen das Herzstück von Self-Leadership dar. Sie zielen direkt darauf ab, die intrinsische Motivation zu steigern und beeinflussen demnach die „Königsklasse" der menschlichen Motivation. Im Gegensatz zur intrinsischen werden bei der extrinsischen Motivation die *Konsequenzen* (z. B. materielle Belohnung, Bestrafung) von *außen* bestimmt (z. B. Vorgesetzte, andere Personen). Werden keine „künstlichen" (extrinsischen) Verhaltenskonsequenzen (Belohnung, Bestrafung) mehr gegeben oder diese drastisch reduziert, dann verringert sich das entsprechende motivationale Verhalten (z. B. geringere Arbeitsleistung).

Natürliche Belohnungen entstehen aus Tätigkeiten, welche wir gerne verrichten und die uns wirklich Spaß sowie Freude bereiten. Sie entwickeln sich aus unserem natürlichen Bedürfnis nach *Selbstbestätigung*. Eine Person erzeugt für sich selbst die Bewertungskonsequenzen. Das heißt, ausschlaggebend sind die positiven, emotionalen Reaktionen auf die eigene Leistung (z. B. eine innewohnende Zufriedenheit und Freude mit sich selbst), welche die wichtigste Belohnungsquelle darstellen. Im Prinzip kann jede Tätigkeit (z. B. private und berufliche Leistungen, Hobbys) diese Bedeutung für die Selbstbewertung und positive Selbstbestätigung haben (Bandura 1986). Zwar müssen in einem ersten Schritt bestimmte Basisfertigkeiten extrinsisch belohnt und verstärkt werden (z. B. Lesen lernen). Werden die grundlegenden Fertigkeiten beherrscht, dann kann die Leidenschaft und „Liebe" für eine Tätigkeit (z. B. das Lesen an sich) Teil einer positiven Selbstbestätigung werden. Während einer natürlich belohnenden Tätigkeit erlebt eine Person positive Emotionen (z. B. Freude, Entspannung) und verspürt im Anschluss eine Zufriedenheit mit ihrer Leistung und mit sich selbst („Dies ist wertvoll für mich … es interessiert mich und macht mir einfach Spaß"). Bevor Personen mit einer Handlung beginnen, nehmen sie bereits jenen positiven Zustand vorweg, welcher sich sowohl auf den Prozess der Aufgabenbewältigung als auch auf die Zielerreichung bezieht und von positiven emotionalen Reaktionen begleitet wird (Freude, innewohnende Zufriedenheit und Stolz).

Interesse, Spaß und Freude an einer Aufgabe sind Schlüsselmerkmale der intrinsischen Motivation. Hinzu kommen die wahrgenommene Kompetenz, die Auswahlmöglichkeit (Autonomie) und die einhergehende Entspannung (Ryan et al. 1983). Die intrinsische Motivation entfaltet sich demnach besonders unter den Aspekten der Selbstbestimmung und Autonomie. Im Gegensatz zu den natürlichen Belohnungen (z. B. Freude, Spaß, Stolz und Zufriedenheit mit sich selbst), welche aus der intrinsischen Motivation heraus entstehen, werden bei der extrinsischen Motivation *äußere* Anreize in Aussicht gestellt (z. B. Geld, Aufstiegsmöglichkeiten, Status). Bei Kindern können dies Süßigkeiten (z. B. Schokolade, Bonbons) oder ebenfalls monetäre Anreize sein, welche antizipiert (vorweggenommen) werden. Die extrinsische Motivation übt einen bestimmten Reiz auf Menschen aus, da diese sich bereits vorab vorstellen können, wie es sich anfühlt, die Belohnung zu erhalten und was sie mit dieser tun können. Dadurch wird die Motivation und das Verhalten angeregt und eine entsprechende zielorientierte Leistung erbracht. Die extrinsische Motivation hat den Vorteil, dass sie die Motivation und das Verhalten relativ einfach steuern kann. Verfügt eine Person in einem bestimmten Aufgaben- oder Fachgebiet noch nicht über die notwendige Kompetenz oder zeigt sie generell eine geringe Motivation, dann kann sie mittels harter Arbeit und extrinsischen Anreizen ihre fachliche Kompetenz aufbauen und die persönliche Motivation steigern. Nach der sozial-kognitiven Lerntheorie sind extrinsische Anreize sogar eine zwingende Voraussetzung, damit sich die intrinsische Motivation entwickeln kann (Bandura 1986). Mittels extrinsischer Anreize können Fähigkeiten und Kompetenzen überhaupt erst aufgebaut werden. Zudem kann sich ein grundlegendes Interesse für eine bestimmte Aktivität oder Tätigkeit entwickeln. Bei Kindern können extrinsische Belohnungen die Präferenzen für bestimmte Aktivitäten erhöhen. Werden (extrinsische) Belohnungen zu früh abgesetzt, dann besteht die Gefahr, dass Menschen wieder in „alte" Interessenslagen zurückfallen (Feingold und Mahoney 1975).

Von der extrinsischen zur intrinsischen Motivation

Marie lernt mit 6 Jahren in der Grundschule lesen. Zu Beginn ist dieser Lernprozess sehr anstrengend. In dieser Phase sind extrinsische Anreize (Belohnungen, Punkte in der Schule, positive Rückmeldungen) besonders wirksam. Mit regelmäßiger, intensiver Übung und der äußeren Bekräftigung steigert sich ihre Lesekompetenz. Das Lesen fällt Marie immer leichter. Scheinbar plötzlich tritt der erste Moment eines intrinsisch motivierten Verhaltens auf: Marie nimmt selbstständig ein spannendes Buch in die Hand, liest interessiert und vertieft sich immer mehr in die Geschichte. Dadurch kann sie hoch konzentrierte Flow-Zustände erleben. Von nun an bereitet ihr Lesen an sich Spaß und Freude. Sie nimmt sich selbst als kompetent wahr und kann sich während des Lesens sehr gut entspannen. Müsste sie exakt dieselbe Lektüre unter Zwang lesen (z. B. drei Kapitel aus dem Buch als Hausaufgabe), dann könnte sich die intrinsische Motivation möglicherweise nicht so entfalten und sie würde auch keine Flow-Zustände erleben.

Die natürlichen Belohnungsstrategien von Self-Leadership nehmen Einfluss auf die *subjektive Wahrnehmung* (positive Einstellung gegenüber der Aufgabe), *gedankliche Ausrichtung* (positives Denken) und *Emotionen* (Spaß und Freude). Die natürlichen Belohnungsstrategien können auf Basis der zugrunde liegenden Emotionsregulationsstrategien erklärt werden, welche die intrinsische Motivation positiv beeinflussen, verstärken und aufrechterhalten (Furtner und Hiller 2013; Gross 2015):

- *Situationsauswahl:* Auswahl intrinsisch-motivierender/erfreulicher Aufgaben
- *Situationsmodifikation:* Aktive Implementierung intrinsisch belohnender Aspekte in ansonsten weniger erfreuliche Aufgaben
- *Aufmerksamkeitsentwicklung:* Den Fokus von negativen/unerfreulichen Aspekten weglenken und auf die intrinsisch belohnenden/erfreulichen Aspekte einer Aufgabe fokussieren
- *Kognitive Neubewertung:* Kognitive Neubewertung von negativen/unerfreulichen Aspekten in intrinsisch belohnende/positive Aspekte

1. Positiver Fokus (Aufmerksamkeitsentwicklung)

Nicht immer sind alle Aufgaben oder Tätigkeiten unmittelbar intrinsisch motivierend (Situationsauswahl). Demnach wird im Kontext der natürlichen Belohnungsstrategien ein spezifischer Fokus auf die *Situationsmodifikation,* die

Aufmerksamkeitsentwicklung und die *kognitive Neubewertung* gelegt. Der positive Fokus ist stark kognitiv ausgerichtet. Menschen können dieselbe Aufgabe oder Situation völlig verschieden (z. B. positiv oder negativ) wahrnehmen. Am Beispiel des intrinsisch motivierten Straßenkehrers Beppo aus der Geschichte Momo wird ersichtlich, dass er die Aufgabe des Straßenkehrers als sehr positiv und sinnerfüllend wahrnimmt und sich vollkommen auf den Prozess der Aufgabenbewältigung (auf das Straßenkehren an sich) fokussiert. Demnach hängen der positive Fokus und die Aufmerksamkeitsentwicklung stark mit Mindfulness (Achtsamkeit) zusammen, welche die Aufmerksamkeit im gegenwärtigen Moment beschreibt (Gross 2015). Der positive Fokus ist auch ein zentrales Schlüsselmerkmal der kognitiven Verhaltenstherapie und Selbstmanagement-Therapie. Vereinfacht ausgedrückt nimmt sich die Methode der kognitiven Umstrukturierung zum Ziel, dysfunktionale („negative") Gedanken zu identifizieren (z. B. arbeitsbezogene Gedanken) und durch funktionale („positive") Gedanken zu ersetzen. Das *ABC-Modell* (Auslöser – Bewertung – Konsequenzen) liefert hierfür einen einfachen Erklärungsansatz:

1. *A* (situativer Auslöser): Eine wichtige Präsentation auf einem Geschäftsmeeting steht an
2. *B* (kognitive Bewertung): „Ich werde ganz nervös, stottern und mich blamieren … ich kann das einfach nicht gut" (=dysfunktionaler Gedanke) versus „Ich werde mich gut vorbereiten, eine positive Ausstrahlung haben und eine überzeugende Präsentation halten" (=funktionaler Gedanke)
3. *C* (Verhaltenskonsequenz): „Ich zeige ein ängstliches, unsicheres Auftreten während der Präsentation" (=Konsequenz auf Basis dysfunktionaler Gedanken) versus „Ich bin selbstsicher, zuversichtlich und brilliere während der Präsentation" (=Konsequenz auf Basis funktionaler Gedanken)

Das ABC-Modell zeigt sehr klar auf, dass innere (z. B. Einstellungen, Überzeugungen, Erinnerungen) oder äußere Reize (z. B. das Arbeitsumfeld) unsere Gedanken beeinflussen und die (positiven oder negativen) Gedanken wiederum unsere Emotionen und unser Verhalten beeinflussen. Demnach sind die Gedanken der Schlüssel, um eine Veränderung der Situationswahrnehmung und des Verhaltens herbeizuführen. Der positive Fokus nutzt die Methode der kognitiven Umstrukturierung, indem eine Person ihre Gedanken auf die erfreulichen Aspekte von bislang unattraktiven, aber notwendigen Aufgaben richtet. Das Ziel des positiven Fokus liegt darin, durch eine entsprechende gedankliche Ausrichtung Spaß und Freude bei der Aufgabenbearbeitung zu erlangen. Zugleich werden die dysfunktionalen (negativen) Gedanken abgeschwächt und schließlich durch funktionale (positive) Gedanken ersetzt.

2. Intrinsifizierung (Situationsmodifikation)

Bei der Intrinsifizierung handelt es sich um die aktive Implementierung intrinsisch belohnender und erfreulicher Aspekte in ansonsten weniger erfreuliche Arbeitsaufgaben. *Wie können intrinsisch belohnende Aspekte mit weniger erfreulichen Arbeitsaufgaben kombiniert werden?* Eine Person kann für sich selbst intrinsisch belohnende und erfreuliche Aktivitäten integrieren, welcher sie beispielsweise in der Freizeit leidenschaftlich nachgeht (z. B. Schachspielen, Bücher oder Zeitschriften lesen, Musik hören, meditative Entspannungsübungen). Diese intrinsisch-belohnenden Aspekte kann sie mit ihren möglicherweise weniger erfreulichen Arbeitsaufgaben kombinieren. Beispielsweise beschäftigt sich eine Person in ihrer Arbeitspause mit ihrer großen Leidenschaft (z. B. fünf Minuten Blitzschach, Zeitschriften lesen, Musik hören, kurze Entspannungsübungen). Dadurch wird die zeitlich vorangehende und möglicherweise weniger angenehme Arbeitsaufgabe mit einer sehr erfreulichen Tätigkeit gekoppelt und sogar positiv verstärkt. Demnach sollte eine Person – zumindest in kurzen Pausenabschnitten – ihrer größten Leidenschaft nachgehen und dies zumindest so lange, bis die ursprünglich wenig erfreuliche Arbeitstätigkeit zunehmend einen intrinsisch-motivierenden Anreiz gewinnt. Verknüpft eine Person intrinsisch-belohnende Aspekte mit einer weniger erfreulichen Tätigkeit, dann kann sie eine höhere Motivation für ihre – ursprünglich – weniger erfreuliche Arbeitsaufgabe zeigen.

Ist es einer Person während ihrer Arbeitszeit nicht möglich, ihrer intrinsisch belohnenden Aktivität nachzugehen (z. B. Großraumbüro, stark kontrollierendes Führungsverhalten), dann kann mit der *mentalen Vorstellungskraft* eine weitere Self-Leadership-Strategie eingesetzt werden. Nutzt eine Person ihre Vorstellungskraft, dann kann sie – für Außenstehende relativ unbemerkt – intrinsisch motivierende Vorstellungselemente (z. B. Gedanken von einem traumhaften Ort oder Vorstellungen vom Lieblingshobby) mit ansonsten weniger erfreulichen Arbeitsaufgaben kombinieren. Nicht nur intrinsisch motivierende Elemente, sondern höchste Glücksmomente (Majestic Moments), welche irgendwann im Laufe des Lebens erlebt wurden, können mittels der mentalen Vorstellungskraft wieder erinnert werden. Das Ziel der Intrinsifizierung besteht darin, dass persönlich belohnende Aspekte mit der Arbeitsaufgabe kombiniert werden und die – möglicherweise zu Beginn weniger erfreuliche – Tätigkeit selbst interessanter wird und sich die intrinsische Motivation entwickeln kann.

Die intrinsische Motivation unterliegt einem Entwicklungsprozess. Ist nur wenig Interesse für eine Aktivität oder Arbeitsaufgabe vorhanden, dann müssen zunächst extrinsische Belohnungselemente wirksam sein. Die Intrinsifizierung erweitert die typischen extrinsischen Anreize (z. B. materielle Belohnungen, Lob), indem sie ein bereits intrinsisch motivierendes Element einer Person

(z. B. private Interessen) nutzbar macht. Sogar eine zunächst wenig interessante Aufgabe kann dadurch an Anreiz gewinnen und das intrinsische Interesse einer Person wecken. Entscheidend ist, wie stark sich eine Person mit ihrer Tätigkeit *identifizieren* kann und sie als *selbstbestimmt* wahrnimmt. Eine Person muss jedoch mehrere Stufen durchlaufen, bis sie sich zu 100 % mit ihrer Arbeitsaufgabe identifiziert (Ryan et al. 1985):

1. *Externale Regulation:* Eine Person zeigt ein bestimmtes (Arbeits-)Verhalten nur, wenn sie hierfür eine gewünschte *Belohnung* erhalten oder eine unerwünschte *Bestrafung* vermeiden kann.
2. *Introjektion:* Die Arbeitstätigkeit ist zwar immer noch wenig interessant und intrinsisch motivierend, dennoch dient sie einem bestimmten Zweck: Mittels der Arbeitstätigkeit können die eigenen Fähigkeiten demonstriert werden. Eine Person fühlt sich *wertvoller* und ein gewisser *Stolz* kann sich entwickeln.
3. *Identifikation:* Bezogen auf die Arbeitstätigkeit wird das persönliche Verhalten bereits als relativ selbstbestimmt wahrgenommen. Jedoch ist die persönliche Arbeitsleistung noch stärker auf das Ergebnis ausgerichtet (z. B. Prestige, Ruhm, Geld).
4. *Integration:* Im Stadium der Integration kann sich eine Person schon beinahe zu 100 % mit ihrer Arbeitstätigkeit identifizieren. Das heißt, es zeigt sich bereits eine sehr hohe Übereinstimmung zwischen den (intrinsischen) Bedürfnissen einer Person und der Arbeitsaufgabe. Bezogen auf ihre Arbeitstätigkeit fühlt sich die Person sehr selbstbestimmt.
5. *Intrinsische Motivation:* Eine Person identifiziert sich zu 100 % mit ihrer Arbeitstätigkeit. Sie hat *Interesse, Spaß* und *Freude* bei ihrer Tätigkeit und erfährt eine innewohnende *Zufriedenheit* bei der Durchführung der Arbeitsaufgabe. Dadurch kann sie vollkommen in ihrer Arbeitsaufgabe aufgehen und erhöhte Flow-Zustände erleben, welche wiederum die Kreativität und Spitzenleistungen fördern.

3. Erfolgsvisualisierung (Kognitive Neubewertung)

Die konstruktive Nutzung der mentalen Vorstellungskraft wirkt sich positiv auf die persönliche Leistung aus (Driskell et al. 1994). Die mentale Vorstellung entspricht einem innerlich produzierten Abbild (z. B. „Ich stelle mir vor, dass ich eine beeindruckende Rede halten werde"), welches einer *realen* Wahrnehmung entspricht („Ich halte gerade eine beeindruckende Rede"). Im Gehirn zeigen die mentale Vorstellung und die tatsächliche („echte") Wahrnehmung ein ähnliches neuronales Aktivierungsmuster (Pearson et al 2015). Demnach bilden mentale Bilder einen Teil der subjektiven Realität ab. Vorstellungsbilder können sich auf die Vergangenheit oder die Zukunft beziehen. Im Kontext der natürlichen Belohnungsstrategien zur Förderung der intrinsischen Motivation werden positive Bilder aus der Vergangenheit oder der Zukunft erzeugt. Demnach soll eine Person die Vorstellungskraft dazu nutzen, sich an erfolgreiche vergangene Ereignisse zu erinnern, welche mit der gegenwärtigen Aufgabenbewältigung in Verbindung stehen. Zudem soll sie sich im gegenwärtigen Moment ihrer erfolgreichen zukünftigen Leistungen bewusst werden. Die Vorstellungsbilder sollten so plastisch wie möglich sein und viele Sinneseindrücke integrieren (Sehen, Hören, Riechen oder Fühlen). Eine Person sollte sich im gegenwärtigen Moment vorstellen, dass sie das Ziel bereits erreicht hat. Dies wirkt sich positiv auf die persönliche Motivation aus. Die Erfolgsvisualisierung hat direkten Einfluss auf die Selbstwirksamkeit (der Glaube an die eigenen Fähigkeiten, Dinge erfolgreich in die Tat umzusetzen), welche sich wiederum positiv auf die intrinsische Motivation zur erfolgreichen Aufgabenbewältigung auswirkt.

3.3   Soziale Self-Leadership-Strategien

Der soziale Kontext wurde in der ursprünglichen Self-Leadership-Konzeption nur wenig berücksichtigt. Personen und ihre Umwelt beeinflussen sich gegenseitig. Folglich kann soziales Lernen stattfinden. Zunächst wird das Verhalten von anderen Menschen beobachtet und in einem zweiten Schritt nachgeahmt. Dadurch können Verhaltensmodelle von anderen Menschen übernommen werden (Bandura 1986). Da soziales Lernen in wechselseitiger Beeinflussung stattfindet, können Personen mit hohen Self-Leadership-Fähigkeiten positiven Einfluss auf ihre Gruppenmitglieder nehmen und diese zu Höchstleistungen motivieren (Gruppenoptimierung). Andererseits vergleichen Personen ihre eigenen Leistungen mit jenen von ihrem relevanten Umfeld (z. B. am Arbeitsplatz, in der Schule). Sind die eigenen Leistungen noch verbesserungswürdig, dann versucht eine leistungsmotivierte Person ihre eigenen Leistungen fortlaufend zu optimieren.

1. Gruppenoptimierung
Im Führungskontext stellt Self-Leadership eine wichtige Basis für eine aktive und effektive Führung dar (Furtner et al. 2013; Furtner et al. 2015; Furtner 2016). Verfügen Personen oder Führungskräfte über hohe Self-Leadership-Fähigkeiten, dann können sie diese ihren Gruppenmitgliedern/Geführten demonstrieren. Auf Basis eines positiven Verhaltensmodells können die Gruppenmitglieder/Geführten unmittelbar die Self-Leadership-Fähigkeiten erlernen. Nach der Superleadership-Konzeption von Manz und Sims (1991) nimmt Self-Leadership nicht nur im

Führungs-, sondern auch im Gruppenkontext eine wichtige Rolle ein: Teilt sich eine ermächtigende Führungskraft die Führung, Macht und Kontrolle mit ihren Geführten, dann findet eine wechselseitige Beeinflussung im Rahmen der geteilten Führung (Shared Leadership) statt (Furtner 2017a). Voraussetzung hierfür ist, dass die Gruppenmitglieder über hohe Self-Leadership-Fähigkeiten verfügen. Demnach können auch einzelne Gruppenmitglieder mit ausgeprägten Self-Leadership-Fähigkeiten die Gruppen- und Teamleistung positiv beeinflussen. Im Rahmen der geteilten Führung übernehmen Gruppenmitglieder die Verantwortung für das kollektive Leistungsziel und beeinflussen die Gesamtleistung in positivem Sinne.

Die Gruppenoptimierung als erste leistungsbezogene Dimension der sozialen Self-Leadership-Strategien betont stärker die Leadership-Komponente von Self-Leadership (Furtner und Baldegger 2016). Sowohl eine Person als auch eine Führungskraft mit hohen Self-Leadership-Fähigkeiten kann positiven Einfluss auf die Leistung der Gruppenmitglieder und die übergeordneten Leistungsziele der Gruppe nehmen. Sich selbst führende Personen und Führungskräfte gehen mit gutem Beispiel voran und motivieren die Gruppenmitglieder zu einer höheren Arbeitsleistung. Zugleich demonstrieren sie ihre Self-Leadership-Fähigkeiten. Dadurch können die Gruppenmitglieder lernen, ihre persönliche Effektivität und Leistung zu steigern. Folglich kann eine zielorientierte und effektive Fremdbeeinflussung stattfinden. Erste Hinweise, dass soziale Self-Leadership-Strategien eine wichtige Rolle einnehmen können, zeigen interkulturelle Self-Leadership-Studien: In kollektivistischen Kulturen (z. B. China) konnten Ho und Nesbit (2009) nachfolgende soziale Self-Leadership-Strategien beschreiben:

1. *Beziehungsorientierte natürliche Belohnungsstrategien:* Hier zeigt sich ein besonderer Fokus auf die soziale Komponente von natürlichen Belohnungen (z. B. Freude und Spaß in der Zusammenarbeit mit Arbeitskollegen)
2. *Beziehungsorientierte Selbstbeobachtung:* Selbstbeobachtung kann sich auch auf den sozialen Kontext beziehen. Eine Person nutzt die Selbstbeobachtung, um sich ständig bewusst zu sein, ob sie die Erwartungen ihrer Führungskraft und ihrer Teamkollegen erfüllen kann.
3. *Sozial ausgerichtete Bewertungen der Überzeugungen und Sichtweisen:* Hierbei orientiert sich eine Person an den Meinungen von Kollegen und Teammitgliedern und passt gegebenenfalls ihre persönliche Einstellung an die Gruppennormen an. Das Ziel liegt in der Erlangung einer ausgeprägten Gruppenharmonie, welche jedoch immer die Gefahr in sich birgt, dass ein hoher Konformitätsdruck (Gruppenzwang) entsteht.

Die Gruppenoptimierung kann sowohl im Leadership- als auch im Shared-Leadership-Kontext (Furtner 2017a) genutzt werden: Das Kernziel einer formal definierten Führungskraft besteht immer darin, ihre Geführten effektiv und zielorientiert zu beeinflussen. Personen mit ausgeprägten Self-Leadership-Fähigkeiten können Führungsaufgaben im Rahmen der geteilten Führung (Shared Leadership) übernehmen. Sie beeinflussen in hohem Maße, damit die Leistungen optimal erbracht und schließlich die Gruppenziele erreicht werden können.

2. Leistungsbezugnahme
Zur Bewertung der eigenen Leistung stehen einer Person drei Informationsquellen zur Verfügung (Bandura 1986):

1. *Absolutes Leistungsniveau*
2. *Eigene Standards (Ziele):* Ein dauerhaft verfügbarer Bezugspunkt ist das *vergangene Leistungsverhalten* einer Person. Personen vergleichen sich mit ihren persönlichen Leistungen und versuchen diese in Zukunft zu verbessern, indem sie sich neue Leistungsziele setzen.
3. *Sozialer Bezugspunkt:* Für bestimmte Tätigkeiten und Aufgaben existieren Standardziele und -normen, welche sich an (vergleichbaren) sozialen Gruppen orientieren. Eine Person kann ihre eigenen Ziele mit den Standard- bzw. Gruppenzielen vergleichen und ihre Leistung entsprechend verbessern. In Anlehnung an die Austauschtheorie (Equity Theory) vergleichen sich Personen sehr gerne mit anderen Menschen, welche sich in einer ähnlichen Situation (z. B. derselbe Ausbildungshintergrund und dieselbe Arbeitserfahrung, derselbe Arbeitgeber und dieselbe Funktion) befinden (vgl. Furtner 2017b). Dadurch können Personen ihre eigenen Leistungen an den Leistungsstandards des sozialen Umfelds anpassen.

Leistungsmotivierte Personen orientieren sich an einem bestimmten Güte- und Tüchtigkeitsmaßstab (bisherige Leistung), welchen sie übertreffen wollen (McClelland et al. 1953). Leistungsmotivierte Personen versuchen stets ihre bisherigen (Leistungs-)Standards zu übertreffen (z. B. etwas noch besser oder schneller zu machen). Neben theoretischen Ansätzen zur Leistungsmotivation betont auch die Austauschtheorie (Equity Theory) die besondere Bedeutung des sozialen Umfeldes: Menschen führen fortlaufende Vergleiche mit ihrer sozialen Bezugsgruppe (z. B. am Arbeitsplatz) durch. Auf Basis der Informationen aus der sozialen Umwelt können sie beispielsweise ihre Arbeitsanstrengung erhöhen oder bei subjektiver Ungerechtigkeit sogar verringern (z. B. wenn vergleichbare Arbeitskollegen ein höheres Gehalt für dieselbe Leistung erhalten).

An welchen Zielen und Standards können sich leistungsmotivierte Personen orientieren? (vgl. Dickhäuser und Rheinberg 2003):

1. *Individuelle Bezugsnorm:* Das aktuelle Leistungsergebnis wird mit den vergangenen persönlichen Leistungen verglichen. Das gegenwärtige Leistungsresultat kann gleich, besser oder schlechter als die vergangene Leistung sein. Eine Person analysiert demnach ihren persönlichen Leistungsfortschritt. Die Messlatte für die Leistung liegt in der Person selbst und ihren persönlichen Erfahrungen. Die individuelle Bezugsnormorientierung ist typisch für Personen mit hohen Self-Leadership-Fähigkeiten, welche fortlaufend ihre persönliche Effektivität und Leistung steigern wollen. Eine weitere Möglichkeit der Bezugsnormorientierung wurde im Self-Leadership-Kontext bislang noch nicht berücksichtigt, die soziale Bezugsnorm.

2. *Soziale Bezugsnorm:* Das eigene Leistungsverhalten wird mit den Leistungen von anderen Personen verglichen. Eine Person wählt hierfür eine soziale Bezugsgruppe (z. B. Arbeitskollegen mit ähnlichen Ausbildungen, Erfahrungen, Arbeitsaufgaben). Beispielsweise können andere Arbeitskollegen vergleichsweise höhere Leistungen in derselben Zeit erbringen. Das Leistungsniveau von anderen Personen kann als Standard übernommen und die eigene Leistung entsprechend erhöht werden. Mittels der sozialen Bezugsnorm sollte sich eine Person nicht nur am eigenen Leistungsstandard, sondern auch am spezifischen Leistungsverhalten ihrer sozialen Umwelt orientieren. Dadurch kann sie das Leistungsverhalten von anderen Personen übernehmen (z. B. Erhöhung der persönlichen Effizienz oder strukturierteres Vorgehen bei der Aufgabenbearbeitung).

Self-Leadership: Selbst-Assessment

Bezogen auf die in Kap. 3 beschriebenen Self-Leadership-Fähigkeiten wurde das Self-Leadership Skills Inventory (SLSI) entwickelt und validiert (Furtner & Rauthmann, in Vorbereitung). Die neun Self-Leadership-Fähigkeiten werden durch jeweils drei Items abgebildet und zeigen eine hohe Reliabilität (interne Konsistenz; Cronbach's Alpha: .79 bis .94). Zudem zeigt das Verfahren eine gute Validität. Verschiedene Modelltestungen konnten belegen, dass Self-Leadership hierarchisch organisiert ist (siehe Tab. 4.1):

Self-Leadership Selbst-Assessment: Der nachfolgende Fragebogen dient zur Einschätzung der persönlichen Self-Leadership-Fähigkeiten. Bitte versuchen Sie alle Aussagen vollständig und wahrheitsgemäß zu beantworten. Die enthaltenen 27 Aussagen werden auf Basis einer sechsstufigen Skala dargestellt.

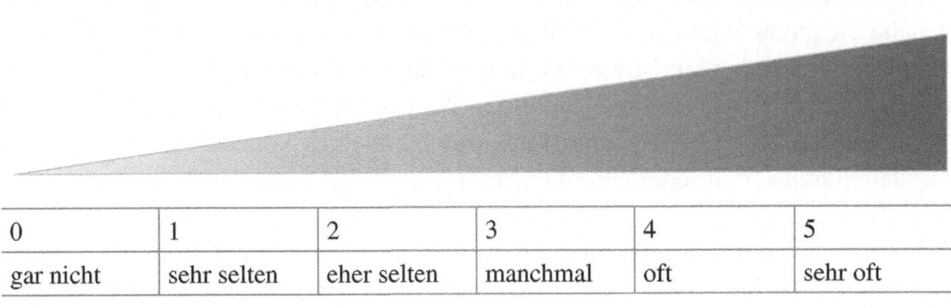

0	1	2	3	4	5
gar nicht	sehr selten	eher selten	manchmal	oft	sehr oft

© Springer Fachmedien Wiesbaden GmbH 2017
M. Furtner, *Self-Leadership*, essentials,
DOI 10.1007/978-3-658-19141-2_4

Tab. 4.1 Hierarchische Struktur von Self-Leadership

Generalfaktor	Self-Leadership-Strategiedimensionen	Self-Leadership-Facetten
Self-Leadership (global)	Kognitionsbasierte Strategien	Selbstbeobachtung
		Strategische Selbstzielsetzung
		Selbstverbalisierung
		Selbsterinnerung
	Natürliche Belohnungsstrategien	Positiver Fokus
		Intrinsifizierung
		Erfolgsvisualisierung
	Soziale Self-Leadership-Strategien	Gruppenoptimierung
		Leistungsbezugnahme

1. Kognitionsbasierte Strategien

In Tab. 4.2 werden die kognitionsbasierten Strategien (Selbstbeobachtung; Strategische Selbstzielsetzung; Selbstverbalisierung; Selbsterinnerung) dargestellt. Bitte geben Sie an, inwiefern eine Aussage auf Sie zutrifft und kreuzen Sie den jeweiligen Wert an. Im Anschluss können Sie Ihren jeweiligen Summenwert berechnen.

Auswertungshinweis: Addieren Sie aus Tab. 4.2 für jede Aussage die Werte, welche Sie angekreuzt haben. Dadurch können Sie in Tab. 4.3 Ihren Summenwert für jede Self-Leadership-Strategie ermitteln. Ihr Gesamtsummenwert kann sich in einem Bereich von einem sehr niedrigen Wert (0) bis zu einem sehr hohen Wert (60) befinden. Zur Interpretation Ihres Summenwertes können sie diesen direkt mit dem durchschnittlichen Summenwert (Stichprobe) vergleichen.

2. Natürliche Belohnungsstrategien

Die natürlichen Belohnungsstrategien setzen sich insgesamt aus drei Self-Leadership-Strategiedimensionen zusammen (Positiver Fokus; Intrinsifizierung; Erfolgsvisualisierung). Bitte geben Sie in Tab. 4.4 an, inwiefern eine Aussage auf Sie zutrifft und kreuzen Sie den jeweiligen Wert an. Im Anschluss können Sie Ihren jeweiligen Summenwert berechnen.

Auswertungshinweis: Addieren Sie aus Tab. 4.4 für jede Aussage die Werte, welche Sie angekreuzt haben. Dadurch können Sie in Tab. 4.5 Ihren Summenwert für jede Self-Leadership-Strategie ermitteln. Ihr Gesamtsummenwert kann sich in

Tab. 4.2 Kognitionsbasierte Strategien

Kognitionsbasierte Strategien						
1	Bei der Bewältigung einer Aufgabe beobachte ich mein eigenes Tun.	0	1	2	3	4	5
2	Bevor ich mich an die Arbeit mache, plane ich jeden einzelnen Schritt in Gedanken durch	0	1	2	3	4	5
3	Um meine Aufgaben besser zu bewältigen, spreche ich zu mir selbst.	0	1	2	3	4	5
4	Mit kleinen Gedächtnisstützen (z. B. Notizen) halte ich mir meine (Verhaltens-)Absichten vor Augen	0	1	2	3	4	5
5	Ich nehme mir Zeit, um mich selbst genau zu analysieren.	0	1	2	3	4	5
6	Bevor ich mit einer Aufgabe beginne, überlege ich mir eine Strategie, wie ich sie bewältigen könnte	0	1	2	3	4	5
7	Ich spreche mit mir selbst, um meine Leistung bei einer Aufgabe zu verbessern	0	1	2	3	4	5
8	Um mich beim Arbeiten an meine Ziele zu erinnern, setze ich mir in meinem Umfeld kleine Stützen (z. B. Zettel)	0	1	2	3	4	5
9	Ich beobachte mich, um meine Ziele nicht aus den Augen zu verlieren.	0	1	2	3	4	5
10	Ich durchlaufe in Gedanken eine Aufgabe, bevor ich sie angehe.	0	1	2	3	4	5
11	Um meine Ziele zu erreichen, spreche ich innerlich zu mir selbst	0	1	2	3	4	5
12	Ich setze mir in meiner Umgebung kleine Zeichen (z. B. Zettel, Notizen), die mich an meine Ziele erinnern sollen	0	1	2	3	4	5

Tab. 4.3 Bildung der Summenwerte: Kognitionsbasierte Strategien

	Summenwert	Ø Summenwert[a]
A. Selbstbeobachtung (Aussagen 1, 5 und 9 addieren)		9,0 (max. 15)
B. Strategische Selbstzielsetzung (Aussagen 2, 6 und 10 addieren)		9,3 (max. 15)
C. Selbstverbalisierung (Aussagen 3, 7 und 11 addieren)		8,0 (max. 15)
D. Selbsterinnerung (Aussagen 4, 8 und 12 addieren)		7,9 (max. 15)
X. Kognitionsbasierte Strategien (Summe aus A bis D bilden)		34,2 (max. 60)

[a]Der durchschnittliche Summenwert basiert auf einer Self-Leadership-Stichprobe von 270 Personen (Furtner & Rauthmann, in Vorbereitung)

Tab. 4.4 Natürliche Belohnungsstrategien

Natürliche Belohnungsstrategien						
1	Ich versuche negative Aspekte einer Aufgabe auszublenden, um bei ihrer Ausführung trotzdem Spaß und Freude zu haben	0	1	2	3	4	5
2	Ich versuche belohnende Aspekte in meine Aufgaben mit einzubauen.	0	1	2	3	4	5
3	Ich stelle mir zu Beginn einer Aufgabe vor, wie es sein wird wenn ich sie erfolgreich bewältigt haben werde	0	1	2	3	4	5
4	Wenn Aufgaben negative Aspekte haben, konzentriere ich mich auf ihre positiven Aspekte um bei ihrer Ausführung Spaß und Freude zu empfinden	0	1	2	3	4	5
5	Werde ich mit einer neuen Aufgabe konfrontiert, so versuche ich, für mich belohnende Elemente mit dieser Aufgabe zu verbinden	0	1	2	3	4	5
6	Ich stelle mir gedanklich vor, wie ich eine Aufgabe erfolgreich bewältigt habe	0	1	2	3	4	5
7	Ich konzentriere mich vermehrt auf die positiven Aspekte, um unattraktive aber notwendige Aufgaben mit Spaß und Freude zu erfüllen	0	1	2	3	4	5
8	Ich versuche, belohnende Elemente mit einer Aufgabe zu verbinden	0	1	2	3	4	5
9	Bereits zu Beginn einer anstehenden Aufgabe stelle ich mir gedanklich vor, wie ich sie erfolgreich bewältigt haben werde	0	1	2	3	4	5

Tab. 4.5 Bildung der Summenwerte: Natürliche Belohnungsstrategien

	Summenwert	Ø Summenwert
A. Positiver Fokus (Aussagen 1, 4 und 7 addieren)		9,4 (max. 15)
B. Intrinsifizierung (Aussagen 2, 5 und 8 addieren)		9,3 (max. 15)
C. Erfolgsvisualisierung (Aussagen 3, 6 und 9 addieren)		10,3 (max. 15)
Y. Natürliche Belohnungsstrategien (Summe aus A bis C bilden)		29,0 (max. 45)

einem Bereich von einem sehr niedrigen Wert (0) bis zu einem sehr hohen Wert (45) befinden. Zur Interpretation Ihres Summenwertes können sie diesen direkt mit dem durchschnittlichen Summenwert (Stichprobe) vergleichen.

3. Soziale Self-Leadership-Strategien

Die sozialen Self-Leadership-Strategien setzen sich aus zwei Self-Leadership-Strategiedimensionen zusammen (Gruppenoptimierung und Leistungsbezugnahme). Bitte geben Sie in Tab. 4.6 an, inwiefern eine Aussage auf Sie zutrifft und kreuzen Sie den jeweiligen Wert an. Im Anschluss können Sie Ihren jeweiligen Summenwert berechnen.

Auswertungshinweis: Addieren Sie aus Tab. 4.6 für jede Aussage die Werte, welche Sie angekreuzt haben. Dadurch können Sie in Tab. 4.7 Ihren Summenwert für jede Self-Leadership-Strategie ermitteln. Ihr Gesamtsummenwert kann sich in einem Bereich von einem sehr niedrigen Wert (0) bis zu einem sehr hohen Wert (30) befinden. Abschließend können Sie die Summe aus der Tab. 4.3 Punkt X, der Tab. 4.5 Punkt Y und der Tab. 4.7 Punkt Z bilden und Ihren Self-Leadership-Gesamtsummenwert berechnen. Zur Interpretation Ihres Summenwertes können sie diesen direkt mit dem durchschnittlichen Summenwert (Stichprobe) vergleichen.

Tab. 4.6 Soziale Self-Leadership-Strategien

Soziale Self-Leadership-Strategien						
1	In Gruppen nehme ich Einfluss auf die Anderen, damit das optimale Gruppenziel erreicht werden kann	0	1	2	3	4	5
2	Ich versuche meine Leistungen im Vergleich zu denen von Anderen zu verbessern	0	1	2	3	4	5
3	Ich versuche in Gruppen einen positiven Einfluss zu nehmen, sodass eine optimale Gruppenleistung erreicht wird	0	1	2	3	4	5
4	Wenn ich im Vergleich zu Anderen eine schlechte Leistung erbringe, dann versuche ich diese zu verbessern	0	1	2	3	4	5
5	Ich beeinflusse andere Gruppenmitglieder, um das optimale Gruppenziel zu erreichen	0	1	2	3	4	5
6	Ich vergleiche meine Leistungen mit Anderen und verbessere sie gegebenenfalls	0	1	2	3	4	5

Tab. 4.7 Bildung der Summenwerte: Soziale Self-Leadership-Strategien und Globalfaktor Self-Leadership

	Summenwert	Ø Summenwert
A. Gruppenoptimierung (Aussagen 1, 3 und 5 addieren)		8,5 (max. 15)
B. Leistungsbezugnahme (Aussagen 2, 4 und 6 addieren)		10,3 (max. 15)
Z. Soziale Self-Leadership-Strategien (Summe aus A bis B bilden)		18,8 (max. 30)
Self-Leadership (Globalfaktor) (Summe aus X bis Z bilden)		82 (max. 135)

Konklusion 5

Neben der grundlegenden Beschreibung von Self-Leadership wurde im vorliegenden Buch eine konzeptionelle Weiterentwicklung durchgeführt, welche einen fähigkeitsbezogenen Ansatz von Self-Leadership betont. Ein besonderer Schwerpunkt wurde auf die natürlichen Belohnungsstrategien von Self-Leadership gelegt, welche positiven Einfluss auf die Entwicklung der intrinsischen Motivation ausüben. Zudem wurden erstmals soziale Self-Leadership-Strategien berücksichtigt, die den wechselseitigen leistungsbezogenen Einfluss von Person und Umwelt betonen. Auf Basis eines neu entwickelten fähigkeitsbezogenen Self-Leadership-Fragebogens können die persönlichen Self-Leadership-Fähigkeiten eingeschätzt, reflektiert und gegebenenfalls im Rahmen eines Self-Leadership-Trainings optimiert werden.

Nachfolgend wird die besondere Bedeutung von Self-Leadership auf der individuellen Ebene, der Gruppenebene, der organisationalen Ebene und der gesellschaftlichen Ebene in der Wissensgesellschaft des 21. Jahrhunderts beschrieben.

1. Individuelle Ebene
   - Zunahme der individuellen Leistungsanforderungen in einer globalisierten Welt
   - Erhöhte Selbstverantwortung aufgrund einer tendenziell geringeren Arbeitsplatzsicherheit und reduzierten Aufstiegsmöglichkeiten in Organisationen (Boundaryless Career)
   - Höhere Anforderungen an die Selbstorganisation und Flexibilität
   - Individuelles Bedürfnis nach Selbstverwirklichung, Autonomie und Selbstkontrolle
   - Bedürfnis nach selbstbestimmten, sinnhaften und herausfordernden Arbeitstätigkeiten (Interesse, Spaß und Freude bei der Arbeit)

© Springer Fachmedien Wiesbaden GmbH 2017
M. Furtner, *Self-Leadership*, essentials,
DOI 10.1007/978-3-658-19141-2_5

- Steigerung der persönlichen Effektivität und Leistung mittels Self-Leadership
- Entwicklung von Führungskräften mittels Self-Leadership (Self-Leader/ Leader Development)

2. Gruppenebene
- Selbstverantwortliche Gruppen und Teams (Shared Leadership, selbstgemanagte Teams)
- Bedürfnis nach Autonomie und Selbstbestimmung in Gruppen (Empowering Leadership)
- Förderung der Kreativität und Innovation
- Self-Leadership als zentrale Grundvoraussetzung für aktives und effektives Leadership (transformationale und transaktionale Führung)

3. Organisationale Ebene
- Steigerung der organisationalen Kreativität und Innovation
- Flache Hierarchien, weite Kontrollspannen und Kostenoptimierung (geringere Anzahl von mittleren Management-Positionen)
- Vertrauens- anstelle einer Kontrollstruktur
- Entwicklung einer (leistungsorientierten) organisationalen Self-Leadership-Kultur

4. Gesellschaftliche/volkswirtschaftliche Ebene
- Self-Leadership kann in verschiedenen Ausbildungseinrichtungen (Kinder-, Jugend- und Erwachsenenbildung) zur Förderung der Selbstverantwortung und Steigerung der individuellen Leistungsfähigkeit verwendet werden
- Self-Leadership kann einen positiven Einfluss auf Entrepreneurship (unternehmerisches Denken und Handeln) ausüben und sowohl die unternehmerische Leistung als auch den unternehmerischen Erfolg steigern (D'Intino et al. 2007)
- Parallel zu Leistungsmotiv- können Self-Leadership-Trainings dazu verwendet werden, um Unternehmer zu entwickeln bzw. den unternehmerischen Erfolg positiv zu beeinflussen[1]

---

[1]McClelland (1961) beschreibt in seinem einflussreichen Werk „The Achieving Society", dass dauerhaftes und eigenständiges Wirtschaftswachstum nur dort zu erwarten sei, wo eine Wertschätzung für die individuelle Leistung vorhanden ist und die Freude an der eigenen Tüchtigkeit erprobt werden kann. Ein Mittel hierfür liegt in der Steigerung des Leistungsmotivs. Bei indischen Unternehmern konnte beispielsweise ein positiver Effekt mittels eines Leistungsmotiv-Trainings nachgewiesen werden.

Personen mit hohen Self-Leadership-Fähigkeiten agieren sehr aktiv und dynamisch. Sie setzen sich strategische Ziele, welche sie sogleich in die Tat umsetzen möchten. Sie sind in einem hohen Maß handlungsorientiert und glauben an sich selbst und an ihre eigenen Fähigkeiten. Sie sind davon überzeugt, dass sich ihre Handlungen in eine positive Richtung entwickeln werden. Der vorliegende erste Teil „Self-Leadership Basics" fokussiert sich auf die grundlegenden Aspekte und die Weiterentwicklung von Self-Leadership. Zudem besteht die Möglichkeit, eine Selbsteinschätzung der individuellen Self-Leadership-Fähigkeiten durchzuführen. Der zweite Teil „Self-Leadership Praxis" legt seinen Schwerpunkt stark auf die praktische Anwendung von Self-Leadership. Self-Leadership ist eine Fähigkeit und Kompetenz, welche trainiert sowie entwickelt werden kann und nachweislich eine Vielzahl von positiven Auswirkungen (z. B. Steigerung der mentalen und körperlichen Leistung) aufweist. Dadurch kann die persönliche Effektivität und Leistung nachhaltig gesteigert werden.

Was Sie aus diesem *essential* mitnehmen können

- Self-Leadership ist ein zielorientierter und selbstbeeinflussender Prozess zur Steigerung der persönlichen Effektivität und Leistung
- Sowohl die eigenen Gedanken, Emotionen und Verhaltensweisen können positiv beeinflusst werden
- Self-Leadership stellt eine Erweiterung des Selbstmanagement-Ansatzes dar und beschreibt eine breite Palette von selbstbeeinflussenden Strategien
- Self-Leadership bezieht sich auf die effektive Selbstbeeinflussung (Inner Leadership) und Leadership auf die effektive Fremdbeeinflussung
- Effektives Leadership benötigt effektives Self-Leadership
- Self-Leadership steht mit einer aktiven, dynamischen, leistungsmotivierten, selbstbewussten und selbstkontrollierten Persönlichkeit in Verbindung
- Self-Leadership setzt sich aus drei zentralen Strategiedimensionen zusammen: 1) Kognitionsbasierte Strategien, 2) natürliche Belohnungsstrategien und 3) soziale Self-Leadership-Strategien
- Die kognitionsbasierten Strategien fokussieren sich auf die Beeinflussung der eigenen Gedanken und setzen sich aus vier Substrategien zusammen (Selbstbeobachtung, strategische Selbstzielsetzung, Selbstverbalisierung und Selbsterinnerung)
- Die natürlichen Belohnungsstrategien zielen stärker auf die Selbstbeeinflussung der eigenen Emotionen zur Förderung der aufgabenbezogenen intrinsischen Motivation und setzen sich aus drei Substrategien zusammen (Positiver Fokus, Intrinsifizierung und Erfolgsvisualisierung)
- Die sozialen Self-Leadership-Strategien berücksichtigen die (soziale) Einbettung einer Person in ihre Umwelt und bestehen aus zwei leistungsbezogenen Substrategien (Gruppenoptimierung und Leistungsbezugnahme)
- Self-Leadership ist eine Fähigkeit und Kompetenz, welche trainiert und entwickelt werden kann

© Springer Fachmedien Wiesbaden GmbH 2017
M. Furtner, *Self-Leadership,* essentials,
DOI 10.1007/978-3-658-19141-2

Literatur

Andreßen, P., & Konradt, U. (2007). Messung von Selbstführung: Psychometrische Überprüfung der deutschsprachigen Version des Revised Self-Leadership Questionnaire. *Zeitschrift für Personalpsychologie, 6,* 117–128.

Atkinson, J. W. (1957). Motivational determinants of risk-taking behavior. *Psychological Review, 64,* 359–372.

Bandura, A. (1986). *Social foundations of thought and action: A social cognitive theory.* Englewood: Prentice-Hall.

Bandura, A. (1991). Social cognitive theory and self-regulation. *Organizational Behavior and Human Decision Processes, 50,* 248–287.

Bandura, A. (2001). Social cognitive theory: An agentic perspective. *Annual Review of Psychology, 52,* 1–26.

Bass, B. M., & Avolio, B. J. (1995). *MLQ multifactor leadership questionnaire: Technical Report.* Redwood City: Mind Garden.

Bass, B. M. (1985). *Leadership and performance beyond expectations.* New York: Free Press.

Beckman, J., & Heckhausen, H. (2010). Motivation durch Erwartung und Anreiz. In J. Heckhausen & H. Heckhausen (Hrsg.), *Motivation und Handeln* (S. 105–143). Berlin: Springer.

Blanchard, K. (2017). Self-leadership: More important than ever. *Chief Learning Officer.* Retrieved from http://www.clomedia.com/2017/01/27/self-leadership-important-ever/.

Carver, C. S., & Scheier, M. F. (1998). *On the self-regulation of behavior.* Cambridge: Cambridge University Press.

Cautela, J. R. (1969). Behavior therapy and self-control: Techniques and applications. In C. M. Franks (Hrsg.), *Behavioral therapy: Appraisal and status* (S. 323–340). New York: McGraw-Hill.

D'Intino, R. S., Goldsby, M. G., Houghton, J. D., & Neck, C. P. (2007). Self-leadership: A process of entrepreneurial success. *Journal of Leadership and Organizational Studies, 13,* 105–120.

Deci, E. L., & Ryan, R. M. (1987). The support of autonomy and control of behavior. *Journal of Personality and Social Psychology, 53,* 1024–1037.

© Springer Fachmedien Wiesbaden GmbH 2017

M. Furtner, *Self-Leadership*, essentials,

DOI 10.1007/978-3-658-19141-2

Dickhäuser, O., & Rheinberg, F. (2003). Bezugsnormorientierung: Erfassung, Probleme, Perspektiven. In J. Stiensmeier-Pelster & F. Rheinberg (Hrsg.), *Diagnostik von Motivation und Selbstkonzept* (S. 41–55). Göttingen: Hogrefe.

Driskell, J. E., Copper, C., & Moran, A. (1994). Does mental practice enhance performance? *Journal of Applied Psychology, 79,* 481–492.

Erez, A., Misangyi, V. F., Johnson, D. E., LePine, M. A., & Halverson, K. C. (2008). Stirring the hearts of followers: Charismatic leadership as the transferal of affect. *Journal of Applied Psychology, 93,* 602–615.

Feingold, B. D., & Mahoney, M. J. (1975). Reinforcing effects on intrinsic interest: Undermining the overjustification hypothesis. *Behavior Therapy, 6,* 367–377.

Furtner, M., & Baldegger, U. (2016). *Self-Leadership und Führung–Theorien, Modelle und praktische Umsetzung* (2. Aufl.). Wiesbaden: Springer Gabler.

Furtner, M. &. Rauthmann, J. F. (in Vorbereitung). *The Self-leadership Skills Inventory: Development and preliminary validation of a new self-leadership scale.*

Furtner, M. (2012). *Self-Leadership: Assoziationen zwischen Self-Leadership, Selbstregulation, Motivation und Leadership.* Lengerich: Pabst Science Publishers.

Furtner, M. (2016). *Effektivität der transformationalen Führung: Helden, Visionen und Charisma.* Wiesbaden: Springer Gabler.

Furtner, M. (2017a). *Empowering Leadership: Mit selbstverantwortlichen Mitarbeitern zu Innovation und Spitzenleistungen.* Wiesbaden: Springer Gabler.

Furtner, M. (2017b). *Dynamische Mitarbeiterführung: Achtsam und flexibel Führungssituationen meistern.* Wiesbaden: Springer Gabler.

Furtner, M. (2017c). *Dark Leadership: Narzisstische, machiavellistische und psychopathische Führung.* Wiesbaden: Springer Gabler.

Furtner, M. R., & Hiller, L. N. (2013). Self-leadership, self-regulation and emotion regulation: Is there a common regulatory core? In C. Mohiyeddini, M. Eysenck, & S. Bauer (Hrsg.), *Handbook of Psychology of Emotions: Recent Theoretical Perspectives and Novel Empirical Findings* (Bd. 1). New York: Nova Science Publishers.

Furtner, M. R., & Rauthmann, J. F. (2010). Relations between self-leadership and scores on the Big Five. *Psychological Reports, 107,* 339–353.

Furtner, M. R., & Rauthmann, J. F. (2011). The role of need for achievement in self-leadership: Differential associations with hope for success and fear of failure. *African Journal of Business Management, 5,* 8368–8375.

Furtner, M. R., & Rauthmann, J. F. (2013). How self-leaders are perceived on the Big Five. *Journal Psychologie des Alltagshandelns/Psychology of Everyday Activity, 6,* 22–29.

Furtner, M. R., & Sachse, P. (2017). Selbstregulation und Führungsverhalten: Beziehungen zwischen Selbstregulation, transformationaler, transaktionaler und Laissez-faire Führung. *Wirtschaftspsychologie, 19,* 30–40.

Furtner, M. R., Baldegger, U., & Rauthmann, J. F. (2013). Leading yourself and leading others: Linking self-leadership to transformational, transactional, and laissez-faire leadership. *European Journal of Work and Organizational Psychology, 22,* 436–449.

Furtner, M. R., Rauthmann, J. F., & Sachse, P. (2010). The socioemotionally intelligent self-leader: Examining relations between self-leadership and socioemotional intelligence. *Social Behavior and Personality, 38,* 1191–1196.

Furtner, M. R., Rauthmann, J. F., & Sachse, P. (2011). The self-loving self-leader: An examination of the relationship between self-leadership and the Dark triad. *Social Behavior and Personality, 39,* 369–380.

Furtner, M. R., Rauthmann, J. F., & Sachse, P. (2015). Unique self-leadership: A bifactor model approach. *Leadership, 11,* 105–125.

Furtner, M. R., Tutzer, L., & Sachse, P. (in Druck). The mindful self-leader: Investigating the relationships between self-leadership and mindfulness. *Social Behavior and Personality, 48.*

Gross, J. J. (2015). Emotion regulation: Current status and future prospects. *Psychological Inquiry, 26,* 1–26.

Guzzo, R. A. (1998). Leadership, self-management, and levels of analysis. In F. Danserau & F. J. Yammarino (Hrsg.), *Leadership: the multiple-level approaches, classical and new wave* (S. 213–219). Stanford: JAI Press.

Ho, J., & Nesbit, P. L. (2009). A refinement and extension of the self-leadership scale for the Chinese context. *Journal of Managerial Psychology, 24,* 450–476.

Houghton, J. D., & Neck, C. P. (2002). The Revised Self-Leadership Questionnaire: Testing a hierarchical factor structure for self-leadership. *Journal of Managerial Psychology, 17,* 672–691.

Konradt, U., Andreßen, P., & Ellwart, T. (2009). Self-leadership in organizational teams: A multilevel analysis of moderators and mediators. *European Journal of Work and Organizational Psychology, 18,* 322–346.

Locke, E. A., & Latham, G. P. (1990). *A theory of goal setting and task performance.* Englewood: Prentice-Hall.

Lucke, G. A., & Furtner, M. R. (2015). Soldiers lead themselves to more success: A self-leadership intervention study. *Military Psychology, 27,* 311–324.

Manz, C. C., & Sims, H. P., Jr. (1980). Self-management as a substitute for leadership: A social learning perspective. *Academy of Management Review, 5,* 361–367.

Manz, C. C., & Sims, H. P., Jr. (1991). Superleadership: Beyond the myth of heroic leadership. *Organizational Dynamics, 19,* 18–35.

Manz, C. C. (1986). Self-leadership: Toward an expanded theory of self-influence processes in organizations. *Academy of Management Review, 11,* 586–600.

Markham, S. E., & Markham, I. S. (1995). Self-management and self-leadership reexamined: A levels-of-analysis perspective. *The Leadership Quarterly, 6,* 343–359.

McClelland, D. C. (1961). *The achieving society.* Princeton: Van Nostrand.

McClelland, D. C., Atkinson, J. W., Clark, R. A., & Lowell, E. L. (1953). *The achievement motive.* New York: Appleton-Century-Crofts.

Neck, C. P., & Houghton, J. D. (2006). Two decades of self-leadership theory and research: Past developments, present trends, and future possibilities. *Journal of Managerial Psychology, 21,* 270–295.

Neck, C. P., Manz, C. C., & Houghton, J. D. (2017). *Self-leadership: The definitive guide to personal excellence.* Los Angeles: Sage.

Neubert, M. J., & Wu, J.-C. C. (2006). An investigation of the generalizability of the Houghton and Neck Revised Self-Leadership Questionnaire to a Chinese context. *Journal of Managerial Psychology, 21,* 360–373.

Pearson, J., Naselaris, T., Holmes, E. A., & Kossyln, S. M. (2015). Mental imagery: Functional mechanisms and clinical applications. *Trends in Cognitive Sciences, 19,* 590–602.

Ryan, R. M., Connell, J. P., & Deci, E. L. (1985). A motivational analysis of self-determination and self-regulation in education. In C. Ames & R. E. Ames (Hrsg.), *Research on motivation in education: The classroom milieu* (S. 13–51). New York: Academic.

Ryan, R. M., Mims, V., & Koestner, R. (1983). Relation of reward contingency and interpersonal context to intrinsic motivation: A review and test using cognitive evaluation theory. *Journal of Personality and Social Psychology, 45,* 736–750.

Sampl, J., Maran, T., & Furtner, M. R. (2017). A randomized controlled pilot intervention study of a mindfulness-based self-leadership training (MBSLT) on stress and performance. *Mindfulness.* doi:10.1007/s12671-017-0715-0.

Shamir, B., House, R. J., & Arthur, M. B. (1993). The motivational effects of charismatic leadership: A self-concept based theory. *Organization Science, 4,* 577–594.

Van Kleef, G. A. (2009). How emotions regulate social life: the Emotions as Social Information (EASI) model. *Current Directions in Psychological Science, 18,* 184–188.

Van Kleef, G., Homan, A. C., Beersma, B., van Knippenberg, D., van Knippenberg, B., & Damen, F. (2009). Searing sentiment or cold calculation? The effects of leader emotional displays on team performance depend on follower epistemic motivation. *Academy of Management Journal, 52,* 562–580.

Lesen Sie hier weiter

Marco Furtner, Urs Baldegger

Self-Leadership und Führung
Theorien, Modelle und
praktische Umsetzung

2. Aufl. 2016, XI, 273 S.
Softcover: € 9,99
ISBN 978-3-658-13044-2

Änderungen vorbehalten.
Erhältlich im Buchhandel oder beim Verlag.

Einfach portofrei bestellen:
leserservice@springer.com
tel +49 (0)6221 345-4301
springer.com

Springer Gabler

Lesen Sie hier weiter

Marco Furtner

Empowering Leadership
Mit selbstverantwortlichen
Mitarbeitern zu Innovation
und Spitzenleistungen

2016, IX, 38 S.
Softcover: € 9,99
ISBN: 978-3-658-16059-3

Änderungen vorbehalten.
Erhältlich im Buchhandel oder beim Verlag.

Einfach portofrei bestellen:
leserservice@springer.com
tel +49 (0)6221 345-4301
springer.com

Springer Gabler

Lesen Sie hier weiter

Marco Furtner

Dynamische Mitarbeiterführung
Achtsam und flexibel
Führungssituationen meistern

Im Erscheinen
Softcover: € 9,99
ISBN: 978-3-658-17194-0

Änderungen vorbehalten.
Erhältlich im Buchhandel oder beim Verlag.

Einfach portofrei bestellen:
leserservice@springer.com
tel +49 (0)6221 345-4301
springer.com